立花家橘之助

ようやく本調子！

3年ぶりに完全復活の落語協会謝楽祭 2023！
その実行委員長を務めるは二代目・立花家橘之助師匠！
と言うことで巻頭グラビアとインタビューをお届け！

（取材・文・撮影／林家けい木・柳家小もん　協力：仙成小もんチャンネル）

楽屋ではお決まりの位置に座り、三味線を組み立てて高座の支度。
橘之助師匠以外には御一門の歌武蔵師匠や、一之輔師匠も
よくお使いになるポジション。

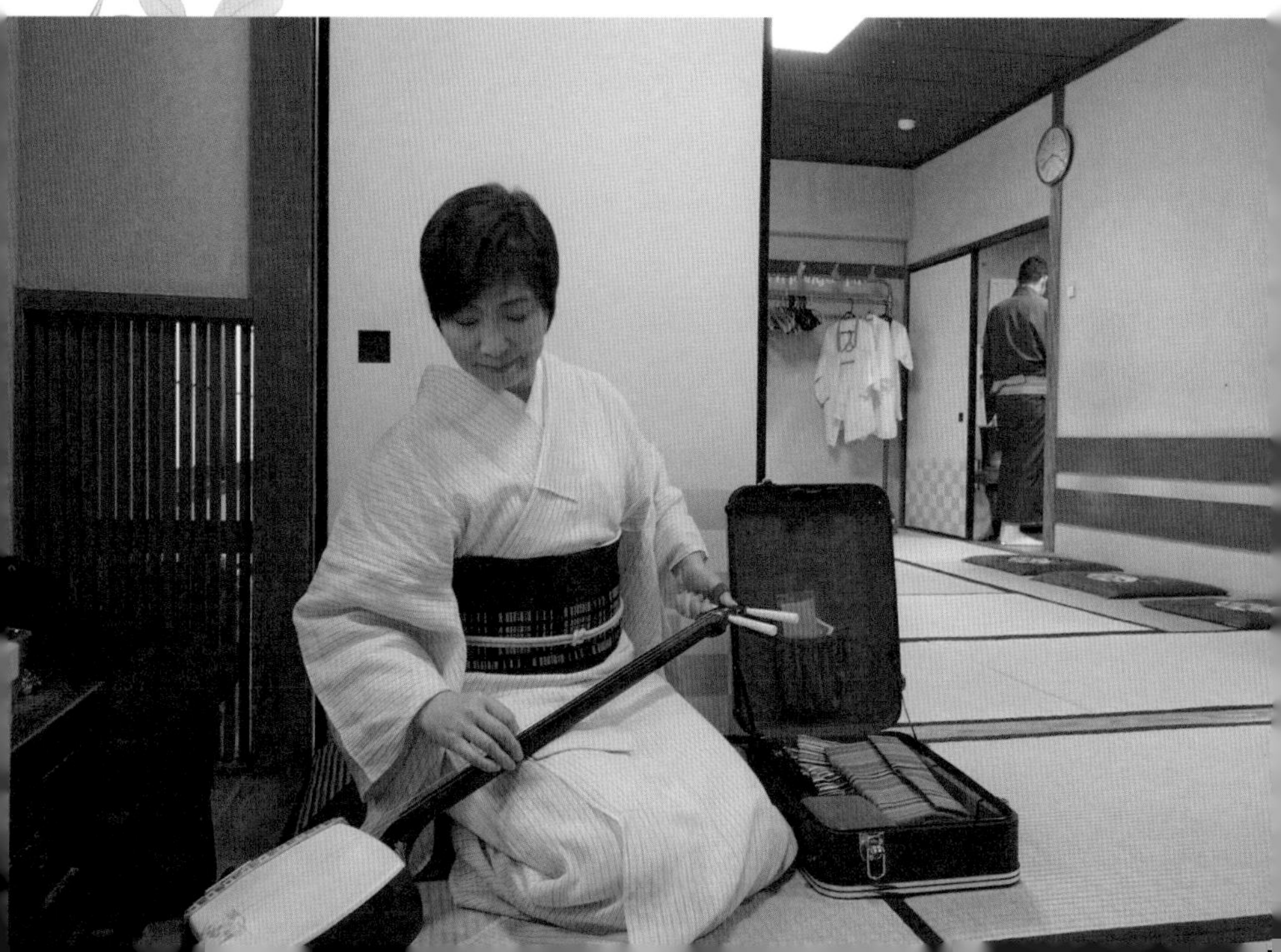

【たちばなや　きつのすけ】

1960 年 11 月 3 日、東京都台東区出身。1980 年 10 月三代目 三遊亭円歌に入門、『あす歌』。1992 年 6 月『小円歌』に改名。2017 年 11 月『二代目 立花家橘之助』を襲名。出囃子は『岸の柳』。

『江戸前な姐さん』

といった雰囲気の橘之助師匠。育った環境は芸事に溢れた日常だったそうだ。

歌の上手い静岡出身の父と、浅草生まれで長唄の師匠だった母の間に生まれた橘之助師匠。

同じく、浅草生まれで粋人の祖父と、深川の材木問屋の娘で三味線の師匠だった祖母と一緒に住んでいたこともあり、ご自身も6歳の6月6日から舞踊の道を歩いてきたと言う。

立花家橘之助

先代の師範の引退をきっかけに住吉踊りの師範を受け継ぎ15年。今年の住吉踊りは45周年を迎え、47名の大所帯。

花柳鳳千佐

はなやぎ・ほうちさ

花柳流師範

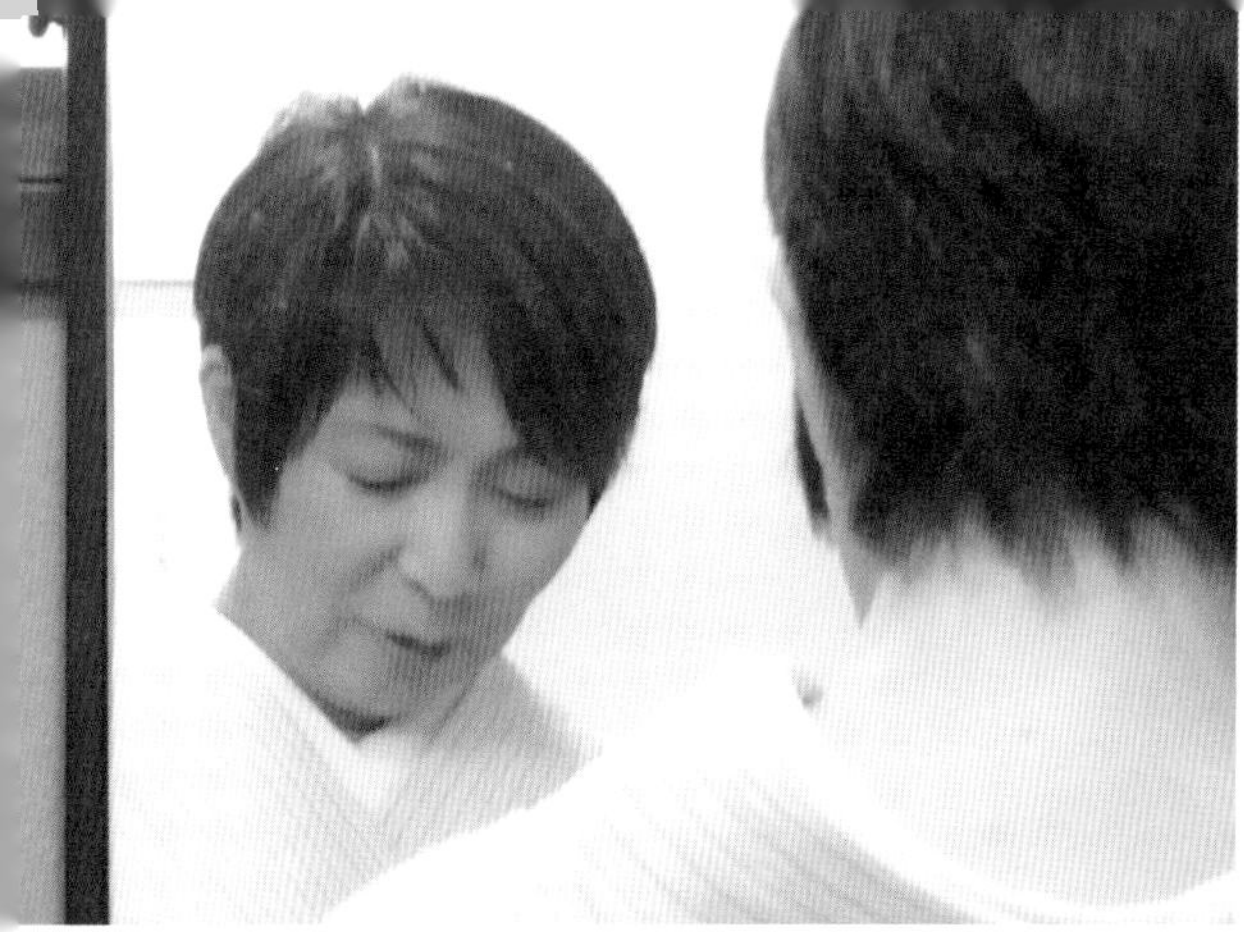

謝楽祭実行委員長としての意気込み

「今年は3年ぶりにコロナ禍以前の形に100％戻す、元々の形での開催ですが、
私は元々のことをあまり知らなくて。
でも、私が委員長ということで色物さんや住吉踊りで活躍している若手にスポットを当てた企画が目白押しです。
きっと今年が今後の新しい基準になっていくと思うので、
新しいスタートになる重要な謝楽祭だと思っています。」

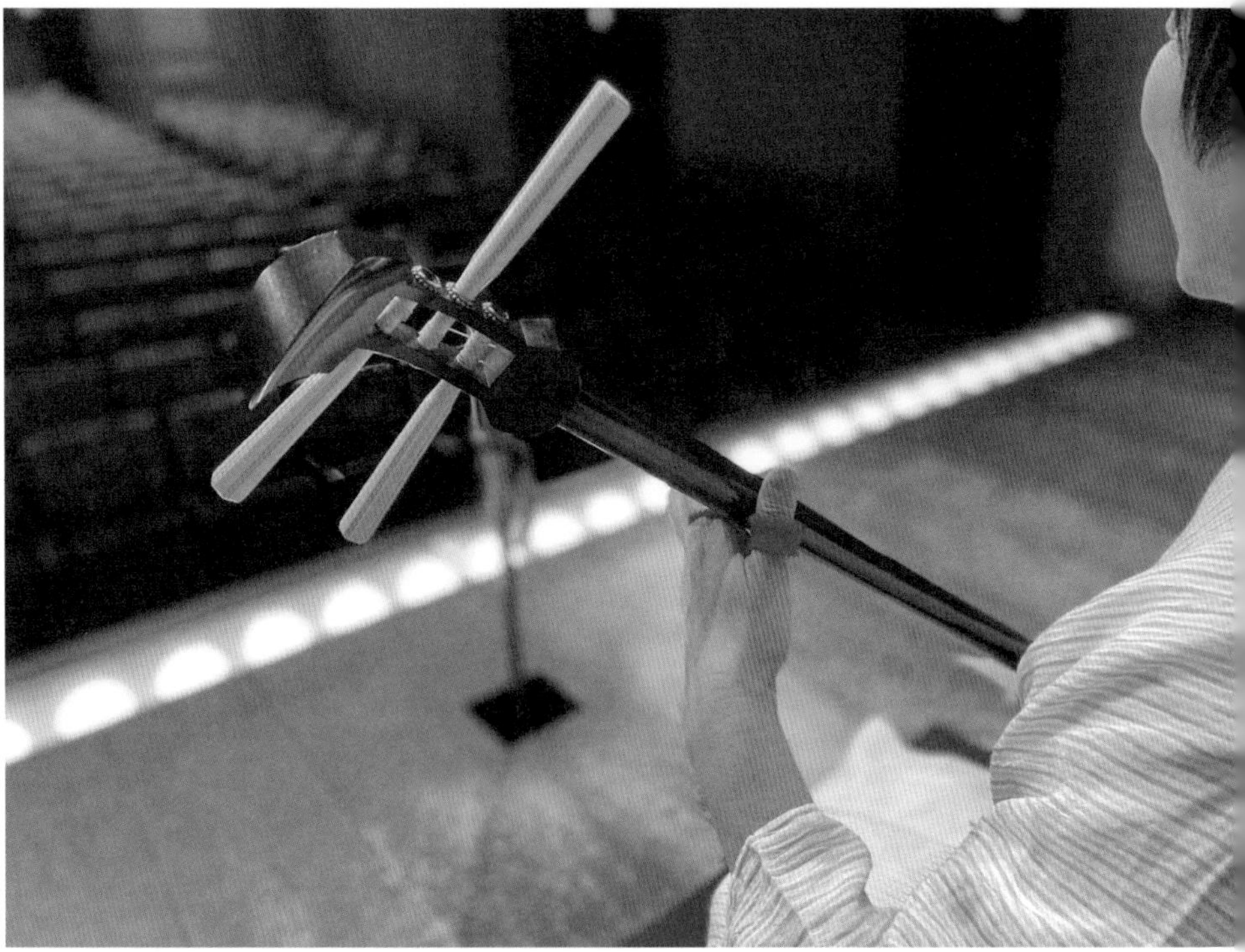

謝楽祭

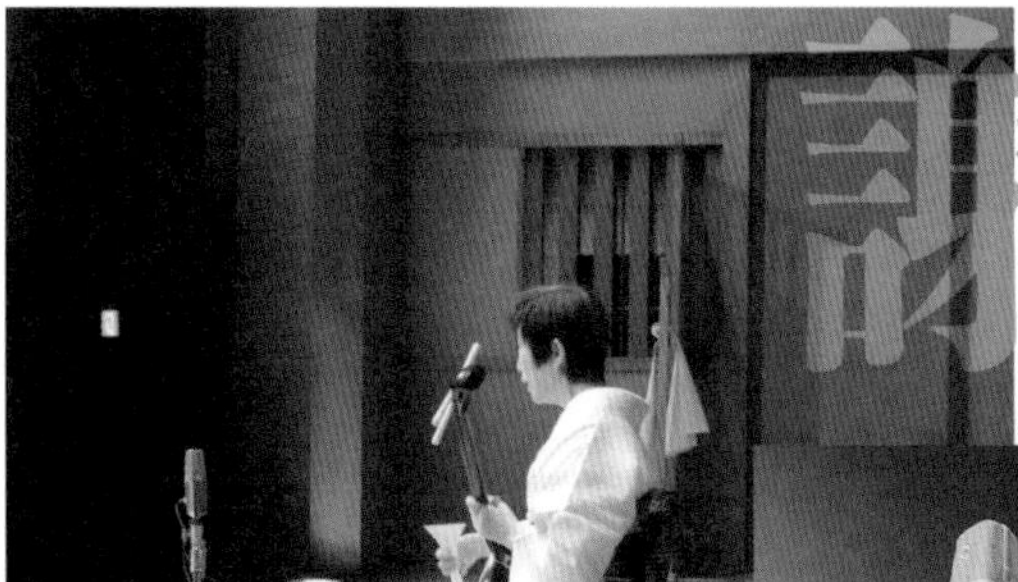

住吉踊り

古今亭志ん朝師匠から始まり、現在は古今亭志ん彌師匠が4代目の座長を務める納涼・住吉踊り。1月と9月を除いて通年行われる稽古会では、芸歴5～6年の若手からベテランの師匠方までを橘之助師匠が〝要〟となってまとめ、和やかな雰囲気で行われている。

住吉踊り

住吉踊り
お馴染みのナンバー
・奴さん姐さん
・深川
・かっぽれ

橘之助師匠は何万回ほど歌ってきたんだろうか？

「芸」の継承について

「〝橘之助〟になってから、次世代を育てて繋がなきゃって考えるようになって弟子を取りました。どんなに芸ができても、このまま死んじゃったらその芸は無くなっちゃいますから、遺さなきゃって考えるようになってきて。

住吉の方も、この頃は若い人にパワーがあるからいずれ座長・トリだって、師範の私だって、新しい人に変わっていくわけだから、変化を作っていって新鮮な空気を入れて勢いをつけていったら……と思うなぁ」

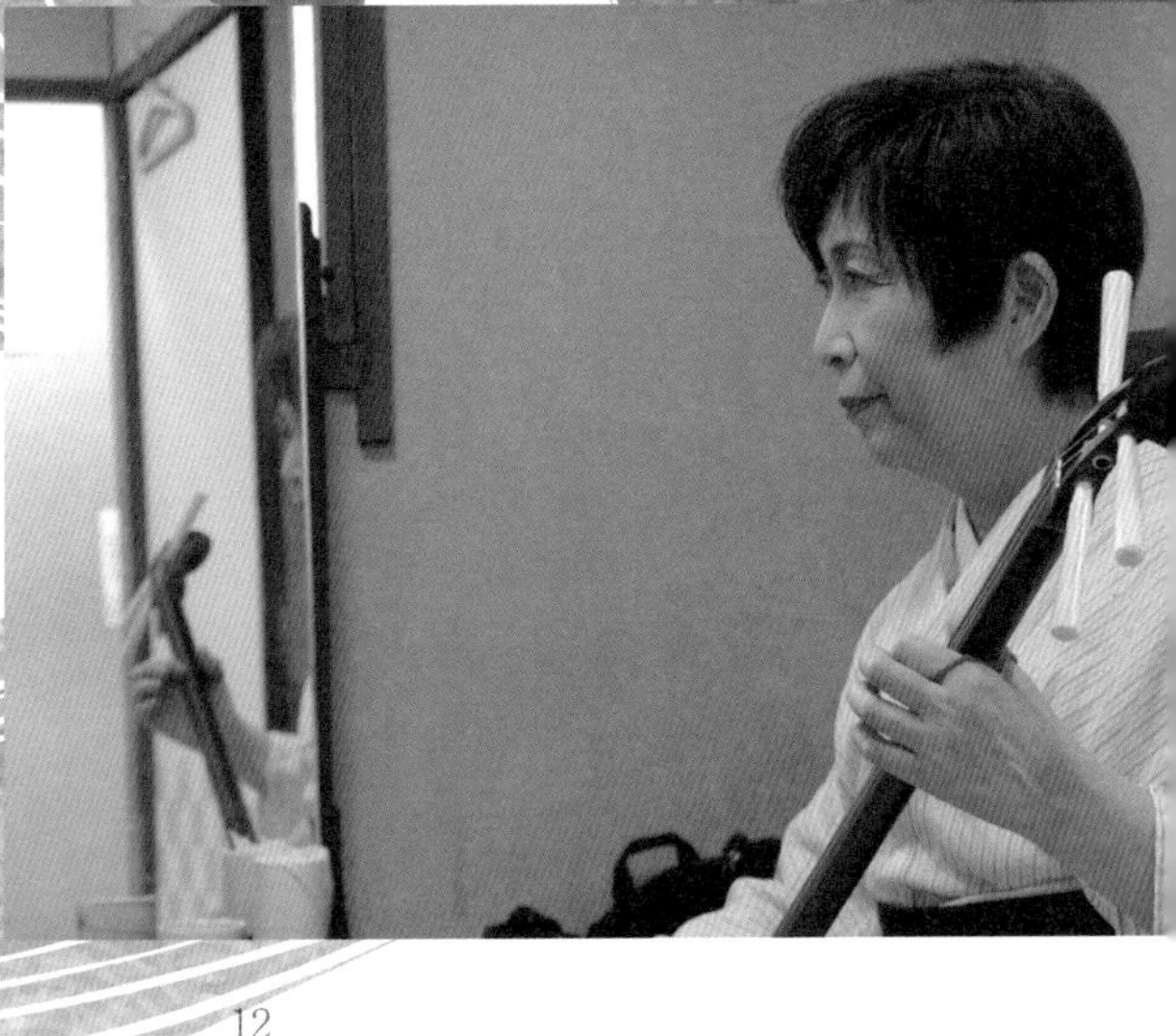

「もう、あまり真面目にやっても
つまらないじゃない、残りの人生。
ふわーっと自然体で、前に向かって
進んでいこうと思います。」

今後の意気込みは？

「一皮剥けたい！」

そろそろラジオやってるよー

2022年3月にそろそろ創刊号を発行し、9月に2号、今年2023年に発行した3号では新メンバーとして林家けい木が参加しラフォーレ原宿にて落語会「みんなの落語」を行うなど、活動の場を少しずつ広げている我々そろそろ編集部。そんな中、4月7日から渋谷区のコミュニティFM「渋谷のラジオ」にて、編集部員による生放送番組「渋谷でそろそろ」がスタートした。

毎週、編集部から2名のパーソナリティが登場し、テーマを決めてゆるいトークを繰り広げている。メンバーも九人寄れば気は九色？と言うのか、ゆるすぎて自宅にいるようにくつろぎながら喋るメンバーもいれば、毎回ガチガチに緊張するメンバーもいて、その週の組み合わせごとに番組の色が変わるのも面白い。

放送時間は、毎週金曜のお昼2時から2時55分まで。視聴方法は、ラジオはもちろん、専用アプリやインターネットでも配信している。また、過去の放送すべてをアーカイブで視聴できるので、気になった方はぜひチェックしてほしい。

Title：五明樓玉の輔　Illust：とつかりょうこ

ラジオでも
アプリでも
ウェブでも

視聴方法↓

毎週金曜 14:00 渋谷のラジオ 87.6MHz

あの頃のぞろぞろ

その三●新旧人気企画

圓窓師匠からお聞きしたところによると、当時の『ぞろぞろ』で評判の良かったコーナーは、「ウンちわァ」だったそう。それには同席していただきました本誌無責任者の玉の輔師匠も共感して、頷いていたのを覚えています。

いわゆる自宅訪問企画。圓窓師匠は仲間内からの評判の事も仰っていて、たしかにこのような狭い社会を扱った媒体は、一般的な要素を持ちながらも楽屋噺的な要素もまた大いにあると思うので、よりプライベートな空間への突入企画というのは、通な読者からも、そして芸人からもおもしろく、人気企画だったろうと想像できる。

▼「ウンちわァ」の誌面。時には外観の写真も……

第一回
ウンちわァ
◎松本節子さん（三遊亭金馬夫人）

コーナー第一回目は、〈抜け弁天〉の師匠こと三遊亭金翁師匠（当時・金馬）のお宅。左が趣旨の説明文。そのまま引用します。（『ぞろぞろ　創刊号』より／一九八八年十一月）

「このコーナーでは編集部員が主に協会員のお宅へ伺い、陰で芸人を支える方々にお話を聴いてみます。第一回目は㈳落語協会事務理事長として内外で活躍されている三遊亭金馬師匠のお宅へお邪魔し、おかみさんの節子さんに御主人にまつわる㊙を含めて、そして息子さんの事も語っていただきました」

考えてみると本誌『ぞろぞろ』メンバーも金翁師匠のお宅を訪れているので、第一線でご活躍されている

◀「ソロ者の部屋」は聞き手も代わっていきます。

その時代の長さに、まずは驚かされます。お内儀さんをはじめ師匠方の家族から裏噺を聞き出そうという企画だったため、貴重な証言も多数。

　ちなみに「ウンちわァ」とは、ご案内の方が多いとは思いますが、落語界のスター与太郎さんの名台詞（与太郎以外も、おそらく有り）。大家などのお宅に上がり込む際の、「コンちわァ」と掛けたもの。おいおい誰だ、表でウンちわ〳〵言ってるやつは――ということになる。

　これは決して尾籠なものではない。いや、どうしても尾籠な冗談ではありますが、もっと可愛い言いまつがいで、あるいはちょっとだけぼーっとしたふりをして、その可愛げのあるうっかりで、時には大先輩のお宅にも上がり込んでしまおうという実はあざとい策略なのではないかと思うと、このコーナーの命名の素晴らしいセンスにも気がつきます。

　引き継ぐ形で、本誌にもお宅訪問コーナーがあります。その名も、「ソロ者の部屋」。大師匠というよりは、ひとりもん＝ソロもんの部屋に押しかけよう、という趣旨。一家団欒の時代からソロモンの栄華の時代へ。時代も変われば上がり込む家も変わる？　あるいは落語家は、いつでも〈わいわいがやがや〉と勝手に誰かの家に上がり込んでみたくなる習性がある種族らしいです。おもしろいことが、そこで起こる。

　さて、その人気はどうだろう。もちろん、どのコーナーも甲乙つけがたく、お客様からも、仲間うちからも、さまざまな評判をありがたく受けております。本号では、読者アンケートが掲載される予定でもありますが、かつては人気であった自宅訪問企画の評判は、さて、どうなるか。――しかし、心配をしている場合ではない。このコーナーも、どうなることやら。

　そろそろもう少しかつての誌面の深い内容に触れたり、自らインタビュアーになって当時のことを聞き出しに行ってみたりしなくてはと思っています。おれもやってみよう……の鸚鵡返しの要領で、「ウンちわァ」のおとぼけ突撃精神もマネしながら。

（取材／文　林家彦三）

祝 令和五年秋 新真打 インタビュー

林家まめ平

●林家まめ平　愛知県名古屋市出身
2008年3月 林家正蔵に入門
2008年10月 前座となる
前座名「まめ平」
2013年6月 二つ目昇進
2023年9月 真打昇進

PROFILE

——いよいよだね。

そうですね。兄さん（はな平）の披露目がついこの間終わったばかりだと思っていたら、もう自分の披露目です。この期間が思った以上に早かったです。

——あなたは本当は僕の兄弟子だったかもしれないんだよね？

そうですそうです（笑）。兄さんが入門する1ヶ月前くらいに、僕も入門のお願いに行ったんですけど、僕のナリを見て師匠から「一年考えて、まだやる気があったら来なさい」って言われたんですよね。

——どんなナリで行ったの？

長髪で、先のとんがった靴履いて、長財布にチェーンつけて背後ポケットに入れて…。

——弟子入り志願に行く形じゃ無いよね（笑）。

で、一年経ってまたお願いに行ったら、兄さんが入門してたっていう。

——俺はちゃんとスーツで行って、頭も丸刈りで行ったからね。だけど、ちゃんと一年後に来たあなたも偉いよ。ところでまめ平は、都内で勉強会を毎月やって、みたいなイメージはなくて、地元の名古屋で仕事してると思っていたんだけど、それは間違いない？

間違いないですね。年に一回やってくれるっていう場所がいくつもあって、それをぐるっと一通りやれば、結局のところ年に6、7回は帰省していることになりますね。大須演芸場とかにもたまに出させていただくので。

——そうなんだよね。東京にいる同じ落語協会の人たちは、あなたがあまりこっちでやってないからその活動の実態を知らない人が多いんだよね。

都内だと寄席とかは出ますけど、勉強会みたいなのは逆に名古屋でやってたりして、お客様も結構名古屋の方が多いですね。普段から向こうで活動していることが多いので、今回真打昇進が決まった時も地元の新聞とかからもすぐに取材が来たので、そういう意味でも向こうでの露出が多かったんでしょうね。

——じゃあ、名古屋のスターだ?

大スターです。いえいえ、単純に数(ライバル)が少ないだけだと思います(笑)。最初は自主公演で会館を借りてやってたんです。そしたら、そこの会館が「ウチが主催でやりますよ」って言ってくれて、お客様もたくさん入って。そういう会が他でも増えていって。文化事業団の方からも声がかかって。

——一番良い形だね。そういうノウハウが披露目に役立つと良いよね。

そうですね。披露目は東京なのでお客様がたくさん入るように工夫したいですね。今回の披露目では、名古屋が本社の大企業からも後援して頂いていて、後ろ幕も送っていただきました。もう一枚は、ねぎしのおかみさんの関係でこちらも有名な漫画家の方から後ろ幕のデザインをして頂きました。その後ろ幕もぜひ見に来て欲しいですね。

——それは楽しみだ。披露目ではどんな落語やりたい?

結構人情噺が好きで、『浜野矩随』とか『ねずみ』とか。時間があるところではそういうネタをやると思います。

——合ってるよね。

はい。名古屋で落語会を重ねる内に、自分はワーっと受ける噺よりこういうタイプの方が合うなと思って、披露目でもやりたいですね。落語って、その人間が出ると思うんですけど、特に人情噺は性格が出ると思うので、私の披露目にお越し頂ければ、私自身もわかってもらえる気がしています。渾身の人情噺でお待ちしております。

(取材・林家はな平)

祝 令和五年秋 新真打インタビュー

かゑる改メ 柳家平和

――真打昇進おめでとうございます。柳家平和、という名前は以前からある名前なんですか？

ありがとうございます。平和は前にもいたみたいだよ。だから二代目だね。他にも色々候補はあったけど平和になった。前からイイと思ってた名前なんだ。それに鳩ケ谷出身だし。

――え？

平和の象徴って鳩でしょ。

――ああそういうことですか（笑）。そういえば真打告知のポスターがバズってましたね。

そうそう。いわゆる「チャリで来た」へのリスペクトね。ネット上で話題になって100万人以上が告知のツイート見てるからね。※ご存じない方は「チャリで来た」で検索してみてください。

――すごいですね。

大初日は落語協会の事務所からチャリで楽屋入りしようかな。チャリ来た真打（笑）。

――喜多八師匠みたいですね（笑）。前座時代、二ッ目時代の一番の思い出は何ですか？

あー、それは難しいな。たくさんあるからなあ。二ッ目の一番の思い出はやっぱりバイク旅かな。子供向けの落語会をするために34県周りましたよ。前座の頃の思い出は何だろうなあ。当時の師匠（獅堂師匠）が家に住みついたことかな。

――え？兄さんの家に獅堂師匠が住んでたんですか？

そう。寄席から帰ってきたら家にいるの（笑）。

――逆内弟子ですね（笑）。

あとは馬風師匠の弁当食って怒られたことかなあ。

――それだけでもう面白い

●柳家かゑる
2007年 柳家獅堂に入門。
2009年 前座「いっぽん」
2013年 二ッ目昇進「かゑる」に改名
2019年 柳家小さん門下へ移門
2023年 真打昇進「平和」に改名
PROFILE

（笑）。
旭川に馬風師匠と仕事に行って、落語会のあとにお弁当を2個もらったの。ホテルに帰って馬風師匠がお弁当食べるのかな、と思ったらお弁当食べないんだよ。師匠の部屋で用事をしてたら「もう寝るから弁当持って部屋に戻れ」って言われたから「ああ師匠はお弁当食べないんだ」と思って、2個とも持って行って自分の部屋で食べてたら師匠から内線かかってきて「オレの弁当どうした」って。「今食べてるところです」って言ったら「お前のじゃなくて俺のだよ」「はい、いま2個目を頂いてます」「まだ5分も経ってねーぞ！」って怒られた。

——5分ってすごいですね（笑）。

実はそのあとラーメンも食べに行ったんだよ。

——え？　お弁当2個食べた後に？

そう。おかみさんから「初めての旭川なんだからこれでラーメンでも食べなさい」ってお小遣いもらったからそれで食べてきた。

——兄さんは大ノセ（大食い）ですねえ。
最後に披露興行がだんだん近づいてきますがどんな気持ちですか？

うーん。散々地味だとか言われてきたから見返してやろうって気持ちはあるよ。これはぜひ書いて欲しいんだけど、オレは落語ファンのお客さんは少ないけど、友達は多いんだ。普段落語聞かないような人はたくさん呼べると思う。

——それはかなり強みですね。

そう。これを読んでる人も落語ファンが多いと思うけど、落語ファンじゃない人も一人でも多く呼びたいし、落語を聴くきっかけを披露目でも、その後も作っていきたいね。

——そういう意味では兄さんは寄席芸人以外の芸人もゲストに呼んでますよね。

そうだね。吉本芸人とかも小さなきっかけを大事にして繋がりを作って勉強会に出てもらったよ。よく思うんだけど寄席って幕ノ内弁当だなあって。バランスが取れててみんなが好きな形。自分の会ではその幕ノ内弁当の中にちょっと変わり種のおかず（ゲスト）を入れたいね。寄席の披露興行がもちろん一番大事だけど、それ以外の会にも注目してほしいかな。

（聞き手：三遊亭伊織）

落語協会の大ノセといえば平和師匠。バイク旅ではわんこそば210杯を平らげた。

祝

令和五年秋 新真打インタビュー

さん光改メ 柳家福多楼

●柳家さん光 福岡県筑紫野市出身
2009年1月柳家権太楼に入門
2009年7月前座となる前座名「おじさん」
2013年二つ目昇進「柳家さん光」
2023年9月真打昇進「柳家福多楼」

PROFILE

——いよいよだね。

兄さん（はな平）とは、「福岡県から来ました。」っていう会をコロナの前まで5、6年やってましたね、協会で。

——またやりたいね。あの会を初めた頃さあ、二人とも福岡で仕事がないから、福岡市内だったかなあ、お寺というお寺に片っ端からDM出したの覚えてる？

覚えてます（笑）。二人のプロフィール添えて、手紙の中に「福岡出身の噺家が、法事などの催しに華を添えます」的な文章を書いて出しましたね。法事に華を添えるってなんなんでしょうね（笑）。

——でも、あれが結局福岡への凱旋のきっかけになったんだよね。

そうですそうです。あの時、数件返事が来て、実際二人で行ったり、一人ずつで行ったり、今も続いてるのがいくつかありますね。コロナで一旦中止になったりしましたけど。あの時は、お寺で会をやってもらって旅費を稼いで、あとは福岡市内の会館を自分たちで借りて二人会をやったりしてましたね。

——ぽんプラザ（※）ね。

※博多キャナルシティ近くのホール

でも、あの活動のおかげで福岡で少し知ってもらえて、同郷（筑紫野市）の立川生志師匠の会に呼んでいただいたり、市が主催の会でも使ってもらったり。福岡で活動する足掛かりに

なったのは間違いないですね。

——それは僕も一緒だな。福岡で会を広げて行くきっかけになったね。あなたは元々、福岡市の内浜落語会（唐人町を拠点に活動する社会人落語の団体）に居たんだよね。

そうですね。福岡で介護の仕事をしている頃に、そこで落語をやらせてもらっていました。噺家になってからも会をやらせてもらったり、今回の披露目でも色々と応援して頂いています。

——新しい名前の福多楼（真打昇進と共に改名）ってのは、やっぱりめんべいを意識してんの？

福岡出身の人はそれを思い浮かべますよね？　東京だとドラッグストアですから。

——どこ行っても喜ばれそうだよね。名前の響きが、おめでたい感じしかしないし。

名前も福岡で活動しやすい感じになったんで、また兄さんと福岡でやりたいですね。一緒にやってた会のプール金とかまだありますし。

——牧のうどんまた行こうよ。

福岡でやると勉強になりますからね。東京でやるのと違って、少しハードルを下げるというかわかりやすくしないといけなかったりするんで。こっちで聞き慣れたお客さんの前でばかりやると、甘えちゃう部分もありますからね。福岡だと丁寧に喋らないといけない場面も多いですし。ネタ選びもそうですし。そういう意味では地元があってそこで落語が出来るってこんな幸せなことってないですよね。

——地元ってだけで応援してくれるしね。披露目ではどんな落語したい？

披露目で久しぶりに来てくれるお客さんもいるわけじゃないですか？　場合によっては、おじさん（前座名）の頃に聴いた以来のお客さんもいるわけなんで、そういう方に「おじさんの頃とは違うな」って思われたいですね。

——当たり前だろ（笑）。なんで前座時代と比較するんだよ。せめて、「さん光の頃より」だろ。

とにかく「成長」を見せたいです。色んな方から「その貫禄をどうにかしろ」「大御所出し過ぎ」って言われるので、この見た目に合った芸ができるようにしたいです。寄席で緞帳が降りる感覚を味わってみたいですね。どんな世界が待っているのか、怖いですけど楽しみです。そんなわくわくドキドキの高座を見に来て欲しいです。

（取材：林家はな平）

祝 令和五年秋 新真打インタビュー

きりん改メ 林家希林

——真打昇進の話を聞いた時どう思いました？

特別嬉しいとか言う感情よりもついに来たかっていうか……、不安の方が大きいかもだね。元々二ツ目になるのも伸びたんですよ

——それはまたどうして？

少し上の先輩がしくじっちゃってさ、馬風師匠を……。

——それは詳しく聞きたいですね！

いいよ！　その先輩が前座から二ツ目になる時に楽屋でね、馬風師匠から「どうだ？　二ツ目になる準備はできてるか？」って聞いてきてくれたんだって、楽屋のコミュニケーションとしてさ、そしたらその先輩「準備出来てません。」って（笑）。

——それはまた凄い返しですね、ご謙遜なさってですか？

いやー、真面目な兄さんだから本当に思ったこと言っちゃったと思うんだよね、それで馬風師匠怒っちゃって（笑）。「準備出来てねえならまだあげねえ！」って、それで半年伸びちゃったの。

PROFILE

●林家きりん　本名 佐藤 嘉由生　1989年2月10日生まれ。2009（平成21）年3月　林家木久扇に入門、前座見習としてスタート。2009（平成21）年9月21日前座となる。前座名「木りん」2013（平成25）年二ツ目昇進。2023（令和5）年　ベストニューギニスト2023

——直接しくじったわけじゃないのに大変でしたね。

でもね、その期間が自分にとっては大切だったんだよね、明確に半年伸びた訳だから、逆にあと半年で二ツ目だぞって思って準備がうまくできたのよ、根多もその半年で随分と増やせたしね、今っていうかまぁ昔もかもしれないけどみんなさ前座期間伸びるの嫌がるじゃん、でも二ツ目の準備期間だと思ってやるとそんなに苦しくない。

あと先輩も後輩もみんないい人だったからってのもあるんだけどね

——前座の時にお世話になった人のエピソードとかもありますか？

僕が太鼓叩けるようになったのは桃花姉さんのおかげでさ、小朝師匠の仕事に前座で使ってもらってたんだけどね、その時まだ一番太鼓と二番太鼓しかたたけなくて、それで桃花姉さんが開口一番上がったもんだからさ僕が小朝師匠の出囃子叩かなきゃいけなくなって、困ってたら師匠が声掛けてくれてさ、「出囃子たたける?」って、それで僕も正直に「叩けません」っていったのよ、そしたら「わかった、じゃあぽっぽ（現・桃花）が戻ってくるまでゆっくりシャギって」って言われてさ、僕「……え？　シャギッテってなに?!」てなっちゃって、それが顔に出ちゃったんだろうね、「シャギリ分からない？」て聞かれてもうさ、「はい」て答えるしかなくてさ（笑）。結局桃花姉さんが戻ってくるまで小朝師匠が自分で出囃子たたくことになっちゃったんだけどね、でもその後小朝師匠が「木りんくんに太鼓教えてあげて」て桃花姉さんに言っててさ、それで教えて貰って叩けるようになったんだよ。あれがなければ未だにたたけてないかもね（笑）。

——もう桃花姉さんには頭が上がりませんね。最後に兄さんの真打像を教えて下さい。

落語の入口になれるような真打になりたいですね、僕がきっかけで落語を聞くようになって欲しい。その後自分に合う落語家を見つけてその人のファンになったっていいと思ってます。でも、初めて落語を聞く人がつまらないと思わないような落語をやるってことを二ツ目の時から心がけてやっているので、それは真打だからってことではなくて僕の落語家としてのあり方って感じですかね。

（聞き手・柳家緑助）

祝
令和五年秋 新真打

ナポリタン ハチ ハンバーグ
Since 1979
HACHI
HACHI
仙台の
老舗洋食店
HACHI'S
JR仙台駅3F 新幹線南改札 徒歩0分
レストランハチ 仙台駅店
TEL:022-796-8225
オンラインSHOP
お取り寄せもご利用ください

入船亭扇太改造計画

『70年代後半の邦画に出てくる端役のチンピラ』
扇太の普段着を見た本誌編集部員
林家けい木がツイッターに載せたコメントだ。
童顔で愛くるしい顔立ち、普段着は量販店のチェックのシャツをインして、
オーバーサイズのチノパン。
…オーバーサイズと言ってもお洒落に着こなしているのではない。
ただただ微妙に大きめなだけだ。
そこで、そろそろ編集部がお手伝い。
扇太がＩＦＴ48のセンターを獲得できるのか？
それとも下り坂46に転げ落ちるのか？
…ＩＦＴは入船亭です。

センタがセンター。

01

このライダースはタレ…いや、彼女セレクトです。彼女ですか？　マスコミ的にいろいろ面倒なんで名前は出せませんけどまあまあ有名なグラドラやってます。LEONの取材で知り合いました。

PROFILE●いりふねていせんた/1993年12月16日生まれ
北海道士別市出身　早稲田大学卒業　2017年4月入船亭扇遊に入門『扇ぽう』
2018年3月前座　2022年6月二ツ目昇進『扇太』

02

03

02

ボクのひいおじいちゃんがジーン・ケリーって知ってました？　『雨に唄えば』の撮影で使ったあの傘が実家にあるンですけど、オフクロが『なんでも鑑定団』に出すって言うからさすがに止めましたヨ。

03

現場へは基本チャリですネ。全国行きますヨ。そういえばこないだ愛媛で『扇太・文枝二人会』があったんですけど、途中しまなみ海道で前を走ってた中野浩一を差しました。あれは痛快でしたねぇ～…えっ、中野浩一を知らない？

『オシャレに挑戦する勇気が出ました』

このコメントのみ扇太クンの言葉です（笑）。

04

志ん生の「お前なんかシャツの三番目のボタンだ」ってくすぐりあるじゃないですか？　ボクにはボタン自体が要らない、全開です。立原あゆみ先生の『本気！（マジ）』って漫画、ボクをイメージして描いたらしいです。今は木刀のかわりに扇子持ってますけどネ（笑）。

05

サウナの本場フィンランド、行ったことあります？　……そう言うボクも一度だけなンですけどネ、そのときロウリュを日本に持ち込みました。たまたまボクが発した『ととのう』って言葉、独り歩きしていつの間にか流行ってますネ。このサウナハットですか？　……のっぽさんからいただきました（涙）。

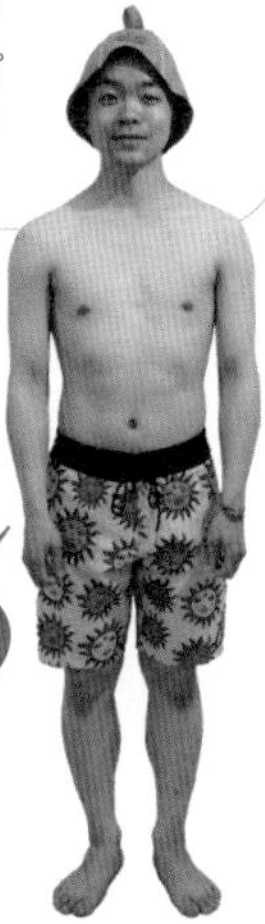

06

ベストスコアですか？ 69です。いつか全英オープンが行われるセンタ・アンドリュースでプレーしたいです。…ちょっとぉ～、「それは、セント・アンドリュースだろ!!」って突っ込んでくださいよぉ～!!　これからですか？　ロケット団三浦さんの結婚披露宴です、二度目の。

文／スタイリスト／衣装／小物：五明樓玉の輔　アシスタント／普通の時計&小物：柳家緑助　良い方の時計：たまたま逢った林家木りんから無理矢理拝借したOMEGA　写真／林家はな平

さようなら 初代 国立演芸場。

この見出しを見て驚かれた方も少なからず居るだろう。現在の国立演芸場は２０２３年10月をもって閉場する。といっても国立演芸場そのものが無くなってしまうわけではなく、国立演芸場を新しく建て替えるにあたって現在の初代国立演芸場が無くなる、ということだ。設立の経緯やこけら落としの様子などを関係者の方々のお話をもとに振り返る。

文／三遊亭伊織

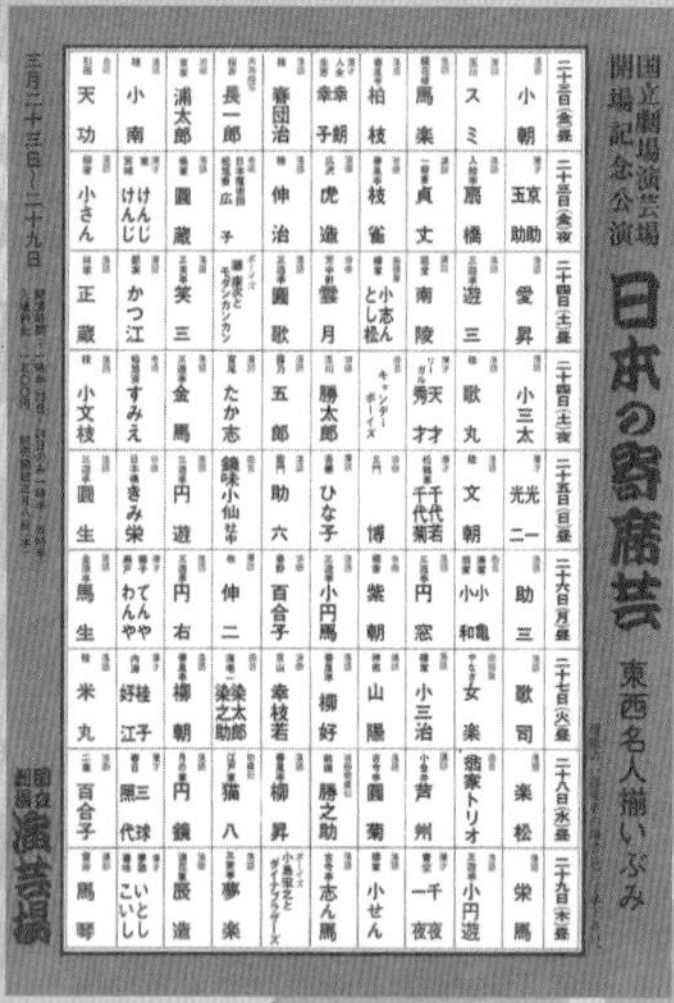
国立劇場演芸場 開場記念公演 日本の寄席芸 東西名人揃いぶみ

二十三日(金)昼	小朝	スミ	馬楽	柏枝	幸朗 幸子	春団治	長一郎	浦太郎	小南	天功
二十三日(金)夜	京助 玉助	扇橋	貞丈	枝雀	虎造	伸治	広子	圓蔵	けんじ けんじ	小さん
二十四日(土)昼	愛昇	遊三	南陵	小志ん とし松	雲月	圓歌	[illegible]	笑三	かつ江	正蔵
二十四日(土)夜	小三太	歌丸	天才 秀才	キャンディーボーイズ	勝太郎	五郎	たか志	金馬	すみえ	小文枝
二十五日(日)昼	光一 光二	文朝	千代若 千代菊	博	ひな子	助六	鏡味小仙社中	円遊	きみ栄	圓生
二十六日(月)昼	助三	小亀 小和	円窓	紫朝	小円馬	百合子	伸二	円右	てんや わんや	馬生
二十七日(火)昼	歌司	女楽	小三治	山陽	柳好	幸枝若	染太郎 染之助	柳朝	桂子 好江	米丸
二十八日(水)昼	楽松	[illegible]トリオ	芦州	圓菊	勝之助	柳昇	猫八	円鏡	三球 照代	百合子
二十九日(木)昼	栄馬	小円遊	一千夜 一夜	小せん	志ん馬	[illegible]	夢楽	[illegible]	いとし こいし	馬琴

三月二十三日〜二十九日

国立劇場 演芸場

国立演芸場こけら落としのチラシ

芸人が求めた演芸場

国立演芸場が設立されたのは１９７９年３月。当時演芸家連合の会長だった五代目春風亭柳昇師、参議院議員だった一龍齋貞鳳氏などが中心となって「大衆芸能である演芸は伝統あるものなんだから、そのためには国立の演芸場っていうものがなくちゃおかしい」ということで設立運動が始ま

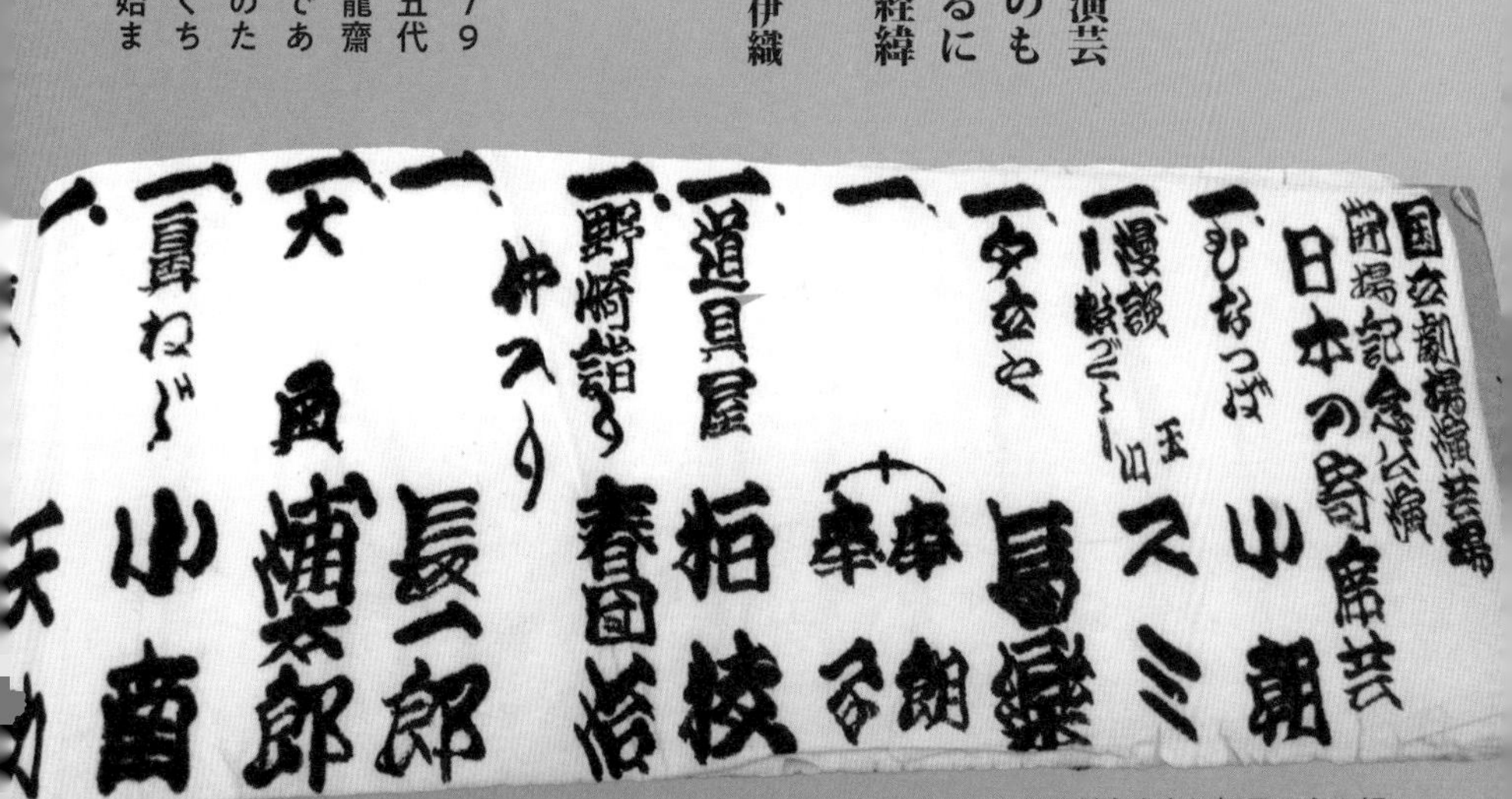

こけらおとし初日のネタ帳

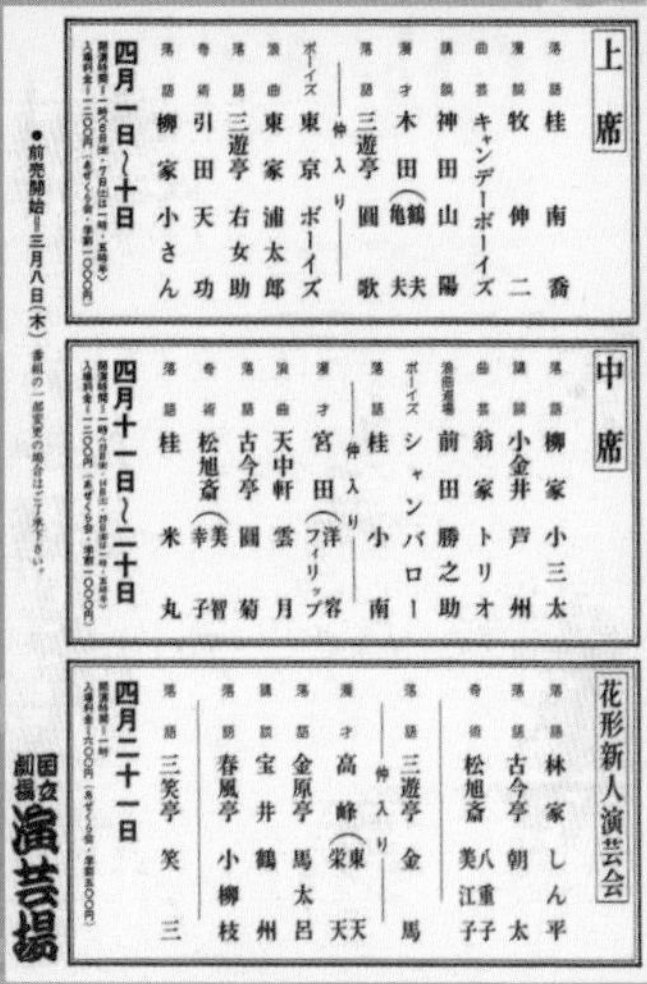
上席
落語 桂 南喬
講談 牧 伸二
曲芸 キャンデーボーイズ
講談 神田山陽
漫才 木田（鶴夫 亀夫）
落語 三遊亭圓歌
―仲入り―
ボーイズ 東京ボーイズ
浪曲 東家浦太郎
落語 三遊亭右女助
奇術 引田天功
落語 柳家小さん
四月一日〜十日

中席
落語 柳家小三太
講談 小金井芦州
曲芸 翁家トリオ
浪曲漫談 前田勝之助
ボーイズ シャンバロー
落語 桂 小南
―仲入り―
漫才 宮田（洋容 フィリップ）
浪曲 天中軒雲月
落語 古今亭圓菊
奇術 松旭斎（美智 幸子）
落語 桂 米丸
四月十一日〜二十日

花形新人演芸会
落語 林家しん平
落語 古今亭朝太
奇術 松旭斎（八重子 美江子）
落語 三遊亭金馬
―仲入り―
漫才 高峰（東天 栄天）
落語 金原亭馬太呂
講談 宝井鶴州
落語 春風亭小柳枝
落語 三笑亭笑三
四月二十一日

●前売開始＝三月八日（木）

国立劇場 演芸場

◀国立演芸場でのはじめての定席四月上席のチラシ

った。協会、流派を問わずに芸人が集まり国会議員のもとへ陳情へ行った。演芸家連合の芸人たちは何度も陳情に足を運び、八年がかりでようやく予算がついた。2012年入門の若輩者である筆者からすると寄席は「最初っからそこにあるもの」であったがそれを仲間内で「作ってしまおうじゃないか」と動き出し、実現してしまう先輩方のエネルギーは凄まじい。

渋谷に国立演芸場？

他の寄席が繁華街にある中で国立演芸場は半蔵門にある。それも最高裁判所の隣だ。芸人からするとウケなかったら即座に裁かれてしまいそうで怖い。最初から半蔵門に寄席を設立するつもりだったわけではなく、演芸家連合の芸人たちからは「ぜひ渋谷に」という声があったようだ。上野、新宿、浅草、池袋に寄席がある中で、繁華街で人が集まり、他の寄席との位置関係を考えても渋谷というのは頷ける。しかし諸々の事情があって国立劇場の隣に空いた土地があり半蔵門へ、という事になった。新しい寄席を作る場所としてはちょっと意外な場所ではあるが、芸人たちの数々の力のこもった公演、演芸場関係者たちの尽力もあり今では半蔵門に寄席があるのが当たり前になった。

こけら落とし

こけら落としは1979年3月23日〜29日まで開催された「日本の寄席芸ー東西名人揃いぶみー」だ。春風亭小朝師が国立演芸場の高座に初めて上がった芸人である。落語、講談、浪曲、漫才、奇術など様々な分野からそうそうたる顔ぶれが並ぶ。芸種、芸風が全く異なる芸人たちが一日にいっぺんに観られるような番組だ。何日目に行こうかなあと番組表を眺めるだけでも楽しい。3日目、筆者の大師匠である三代目圓歌師が若い頃にどんな高座をしていたのか観たかったし、7日目の豪華メンバーも気になる。現地に行ったお客様がうらやましい。

新しい国立演芸場

新しい国立演芸場は令和11年度（2029年度）に完成予定。この記事を書いている段階ではまだ新しい国立演芸場に関する情報はほとんど出ていない状況だが、恐らく令和11年度中にはこけら落としがあるはずだ。その時には本誌を片手に初代国立演芸場のこけら落としの番組表を比べてみると面白いかもしれない。国立演芸場で新しい演芸の歴史が始まるのが一演芸ファンとして楽しみだ。

資料提供／国立演芸場

新二ツ目のQ&A けいきのいい話

文・撮影／林家けい木

**毎号、昇進直前の前座たちに心境を
さまざまな形でお届けするこちらのコーナー。
今回は11月1日より二ツ目昇進する
春風亭いっ休さん、鈴々舎美馬さん、柳亭左ん坊さんにお話伺ってきました！**

春風亭いっ休

Q　まず今の気持ちは？

A　やっと決まった！　って感じです。二ツ目昇進が決まるまでは〝早く決まってくれないかな〟なんてモヤモヤしていましたけど、実際に決まってみると手ぬぐいや着物の準備や披露目の会の支度で少し不安も出てきました。だけど、そんな不安を差し引いても嬉しいです！

Q　二ツ目昇進後はどんな噺家を目指しますか？

A　兄弟子2人は活動的ですが、僕は少しタイプが違うので自分のペースで自分自身が〝面白い！〟と思うことにたくさん取り組みたいです。

Q　具体的には？

A　古典落語と新作落語は前座の頃からやっていますが、落語以外にも演劇にも出てみたいですし、M-1とか出たいです。

Q　M-1!?　コンビにするなら？

A　誰でもいいけど、桂枝平がいいです。彼面白いんで。

Q　前座修行は師匠宅に通い弟子？

A　週に一度だけです。行っても師匠の用事をすることはなくて、一緒にお茶を飲みながら近況報告したりって感じでした。

Q　割と年齢の近い師弟だけど、時には師匠ってよりはアニキって感じもあるの？

A　アニキってことはないですけど、いい意味で子どもっぽいというか、大学生みたいだなと思って見てます。しかし、そこがウチの師匠の面白さの元のように思っています。

Q　師匠について全国各所での開口一番、地方公演での工夫は？

A　ウチの師匠はマクラを振っていいと言いますから、上手くないなりにいろいろ試してみました。お客席は師匠がお目当てですから、僕が失敗しても師匠が尻拭いをしてくださいますから、そこはありがたいと思って勉強させていただきました。

Q　師匠が笑点メンバーに決まった時の感想は？

A　まずは〝あちゃ〜〟でしたけど、〝やっぱり〟とも思いました。それから数分間は〝今でも忙しいのに、これ以上忙しくなったら師匠はどうなっちゃうんだろ？　師匠の落語にどんな変化が起こるんだろ？〟といろんな疑問が湧きましたが、考えてるうちに〝まぁウチの師匠なら大丈夫だ〟となんとなく思いました。

Q　自分を昂めるためにしてることは？

A　気合い入れる時はタピオカミルクティーを飲みます。このところブームが去ってお店が減ってるので由々しき事態です。

Q　二ツ目への決意

A　前座修行5年間のなかで、やってるうちに自分の方向性って見えてくるんだろうなと思ってましたけど、案外それは見えないもので（笑）。とにかく手探りで取り組みたいです。

Q　それでは最後に、師匠へ一言。

A　身体だけは壊さないでください。

鈴々舎美馬

Q　いまの気持ちは？

A　素直に嬉しいです！　長い前座生活だったので、いずれ来ること分かっていても心折れそうになっていましたから、決まってホッと安心しています。

Q　前座期間は？

A　入門から5年9ヶ月です。

長いな！　伸ばされたオレでも5年4ヶ月だよ

一緒に昇進する2人も同じくらいなのでホントに同期って感じです。

2人と仲は良いの？

仲良いです！　みんな穏やかな性格で平和な3人ですから一緒にテーマパークに遊びに行ったこともあります。

どこへ遊びに行った？

寄席終わりに、私の地元の相模湖ピクニックランドで遊びました。アトラクションに乗ったり、夜景見たりして（笑）。

Q　既に勉強会で100人の箱をいっぱいにする活躍ぶり、どんな気持ちで取り組んでますか？

A　あの会は私のことを可愛がって引き立てて下さる主催様のおかげで出来てます。お客様も物珍しさで来てくださってると心得ていますが、高座は厳しく観ていただいてると思うので一生懸命に稽古して臨んでます。

Q　過去2回の手ごたえは？

A　正直、あまり覚えてないんです（笑）。緊張しすぎてて、無我夢中で走りきって、終わった時には楽しく疲れてたって感じでした。

Q　二ツ目になって挑戦したいことは？

A　前座の頃から馬るこ師匠に相談して色々なことに挑戦させていただきましたが、これからも落語は勿論、落語以外だと声のお仕事をしてみたいです！　元々中学生の頃は声優に興味があったので、アニメの声優やナレーションとかやってみたいです。

Q　修行中の息抜きや趣味は？

A　寝ること！　修行はとにかく大変なので睡眠を意識するようになりました。寝る時にはいろいろケアもしなきゃと思いつつ、髪にいいと言われるシルクのヘッドキャップをして寝てます。

Q　自分を昂めるファイトソングは？

A　ボン・ジョビの「Livin' On A Player」です。家を出る前にボン・ジョビ聴いて気持ちを奮い立たせます。寄席の帰りはジェラードンで笑いながら帰ります。

Q 二ツ目昇進への決意は？

A 二ツ目昇進でいいスタートダッシュがきれるように、まずは前座修行を精一杯全うして沢山の武器を身に付けたいです。二ツ目になってからは寄席との接点も少なくなると思いますが、忘れられないようお客様の記憶に残る噺家になりたいと思います！

Q 師匠に一言

A 恩返しが出来るように頑張ります。

柳亭左ん坊

Q 今の気持ちは？

A 5年9ケ月という結構長い前座修行だったと思います。それが〝ああ、本当に終わるんだな〟って感じです。

Q．修行中に覚えた根多や好きな演目は？

A 30席ほど持ってます。中でも好きでよくかけるのは三三師匠からお稽古つけていただいた『道具屋』です。与太郎のやりとりが可愛らしくて、出稽古を許可されてすぐウチの師匠（柳亭左龍）からの推薦で習いました。

Q 左龍師匠のツイッターによく上がってるけど、どんな前座修行だった？

A 基本的には毎日師匠宅へ通いでした。師匠はグルメでお料理にも工夫があるので、朝はよく師匠の美味しい手料理をいただきました。特に好きなのはカレーで、煮干しから出汁を取ったり、ルーを数種類混ぜて師匠独特の味があります。

Q 師匠からお料理の稽古は？

A 卵焼きを教わりました！　なので、師匠宅では僕が卵焼き担当です。

Q 趣味は？

A 音楽です、いろんなジャンルを聴きます。高校生の頃は吹奏楽部に所属してトランペットを担当してました。

Q 吹奏楽部は団体、落語家は個人、違いはどうですか？

A 実は中学生の頃は陸上部でした。個人でのパフォーマンス、団体でのパフォーマンスそれぞれを経験して思ったのは、やっぱり個人芸がいいですね。失敗しちゃっても自己責任ですから気楽でいいです。

Q 二ツ目になってやってみたいことは？

A いまは限られた世界にしかいないので、他業界の同世代の人たちと関わってみたいです！　落語家としては故郷が静岡なので、フットワーク軽く都内と地元を行き来しながら落語未開拓の場所に落語の面白さを広めていきたいです。

いま目をつけているのは地元の空港です。空港は早く来なきゃで、待ってる時間も多いですから、その暇つぶしに楽しんでもらえるような落語の時間を作れたら嬉しいです。

Q ファイトソングは？

A Pat Metheny Group の「Have You Heard」。

Q 二ツ目への意気込みは？

A 1人の噺家としての責任を持って、目の前のお客様を楽しませられるように、精進いたします。

読者アンケート

やあ一刀だよ。
4号発売記念に読者アンケート取ったよ。ダメ出し怖いなー。じゃ行ってみよー。

毎号楽しみ。次号が待ちきれない。

嬉しいけど、それは言い過ぎー。

すごく読み応えがあって面白かった。噺家ならではの視点や、インタビューでのやり取りがとても良かった。

それぞれ編集部員の
個性が出ててイイよねー。

ハナーキーの写真が上手。

ねっ。僕も好き。

初めて『そろそろ』を手に取った時、予想以上のクオリティで驚いた。

マジでー？ありがとー。

ラジオ『渋谷でそろそろ』が超絶面白い。

我々、紙面だけでなく電波に乗
っかってもイイのよー。
是非チェケラしてね。

Web の記事でなく紙媒体の書籍というのも魅力的。

やっぱり紙よ。紙。
デジタルもいいけど、アナログもね。

ベースで注文しました。待ち遠しいです。

サンキュベリマッチ。
発送も編集部で行ってるので、
少々遅れる事もあるけど気長に待ってね。

表紙のデザインからクロスワードまで、「ふふふ」となるポイントが溢れた楽しい冊子です。

緑助は前号フザけ過ぎて、
担当外されました（笑）。
4号は猫八師匠だよ。

毎号、読者を飽きさせない内容と構成。そして、何度読んでも面白い。

本当？　嬉しい。
一刀はまだ全部読んでないよ。

いっ休さんの漫画大好き。

俺もー。

面白いと思ったのは決してヨイショではなく、編集部の皆さんの爽やかさが感じられるからです。

さわやか食べたーい。

2号を買い損ねました。どこで買えますか？

メ〇カリかヤ〇オクがいいと思う
（冗談でーす。HP からどうぞ。
売り切れてたらごめんね。

毎月読みたい。

大変だからやだー。

かわら版のように、毎号並べると背表紙に何か出てくるようなのも楽しいかも。

ドラゴンボール的な？
一刀は悟飯推しだよ。

はい。一部抜粋＆改編してお届け。
いや、みんな優しいね。好き。
という事で、ページ埋まっちゃった。
また次号ねー。バイバーイ。

（文・春風一刀）

そそろ歩き 4

『そそろ歩き』も4号で四稿目。ありがたいことに毎号の恒例。しかしお言葉を頂戴することもある。曰く「馴染みの薄い者にはどこを歩いているのか分かりづらい」「落語に詳しくないとわからない」……等々。ごもっともである。私の素人文章を読んで頂いているだけでありがたいわけだが、この度少しでもわかりやすくするためさらに誌面を割いていただいた。というわけで隣に地図を掲載！　ご参考にしていただきたい。

さて、国立演芸場が本年の十月で建て替えのため閉場する（30ページ参照）。前座の修行をした寄席がなくなるのは寂しい。他の寄席とはひと味違う大道具の皆さんの存在、劇場感を増す赤富士の緞帳・寄席囲い、演芸資料展示室の貴重な資料……そしてお茶タイム……。開場前のひととき、高座袖でお囃子さんとコーヒーやちょっとよそ行きのパンを持ち寄ってお喋りしたものである。

今回はコクリツ周辺を歩こう。国立劇場及び演芸場は「三宅坂」沿いにある。これは江戸城外濠に沿った坂だが、この周辺は他にも坂が沢山ある。永田町方面から赤坂は特に面白い。とりわけ赤坂は坂に囲まれたスリバチ地形の聖地だったりもするのだ。演芸場を出て平河町の平林さん、「平河天満宮」へお参りをして永田町駅から「三べ坂」を下りると交差点。右に折れると日比谷高校から赤坂見附へ抜ける「新坂（別名・遅刻坂。理由は推して知るべしである）」に行けるが、今日は山王さま（日枝神社）へ向かおう。左手に議員会館を見ながら右に曲がって路地を入れば「山王男坂」である。こちらが本来の参道だ。というのも、赤坂見附から虎ノ門に至る外堀通りはかつて「溜池」と呼ばれる池だったので、赤坂側に入り口はなかったのである。丘の上の境内から溜池を見下ろすとなかなかの眺めであっただろう。そんなことを考えていると「わが国黎明期の牧場」なる解説板があった。それによると、明治六年には日枝神社の氏子地域内にすでに七軒の牧場があり、その後旧幕臣を中心に牧場経営者が増えていったそうだ。氏子地域といっても南は芝、西は麹町、東は霊巌島小網町、北は神田まで擁する広大なものである。江戸東京の真ん中に牧場というのも似つかわしくないようだが、案外小規模のものはそこらにあったのかもしれない。ともすれば与太郎さんも、叔父宅の小牧場へ褒め賃目当てで出かけただろう。今でもないものかしらと眺めてみると、境内に狛犬でなく一対の猿の像がある。「ああ、お猿だ」と言ったら巫女さんが「イエ、神猿（まさる）です」。名を間違えた。（文／柳家小もん）

QR コードから
今回のコースを
GoogleMap で
みられるよ！

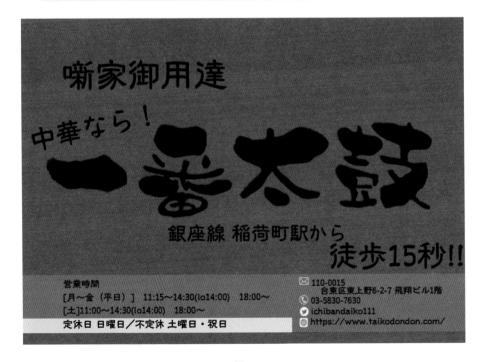

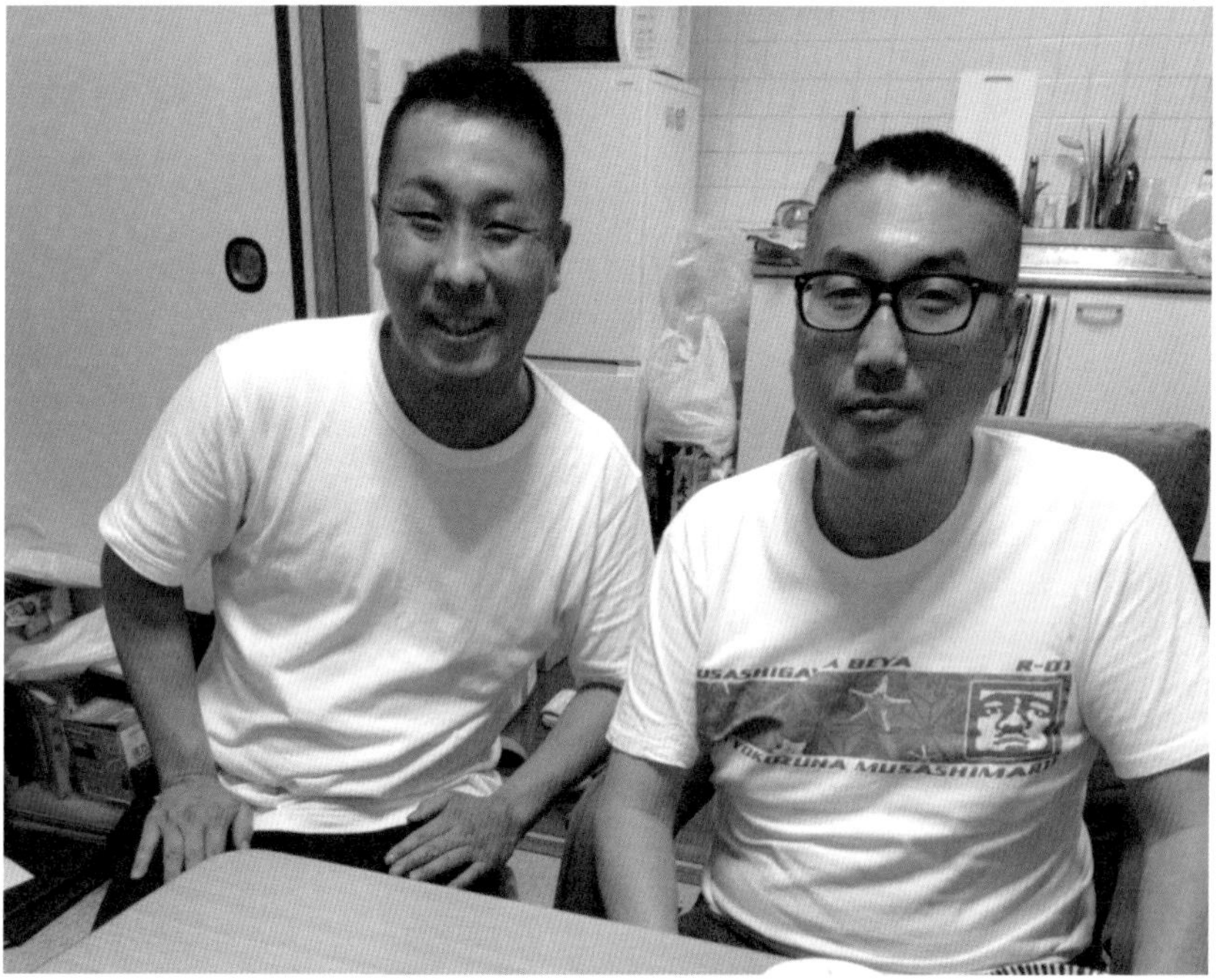

歌奴（右）と一番弟子の三遊亭歌彦

SOLOMON'S ROOM

三遊亭歌奴　聞き手●五明樓玉の輔

ソロ者《モン》の部屋

前回いろいろアンケートを取った結果、このソロ者の部屋で「二ツ目さんもいいけどぜひ真打のソロ者にも迫ってもらいたい!!」という回答が多数ありました。ということで、今回は寄席でもお馴染みのあの真打宅にに行っちゃいました。…えっ、真打にもソロ者がいるの？　そりゃおりますヨ。正真正銘のソロ者から訳あって仕方なくソロ者になっちゃった者　…玉の輔は後者ですが、ナニか？　この方もまあ、玉の輔系ソロ者です（笑）。

「最寄り駅着いたら連絡ください、迎えに行きます」とのこと。駅からどうやらかなり近いみたいだね。到着時間がわかったのでその旨をメールするとお弟子さんが来てくれるらしい。改札口には二ツ目さんがお出迎え。前座時代の名前がイワシ…マグロ…カンパチ…カツオ、そうそう高知県出身なんでカツオ『歌つを』クン、現在は歌

UTAYACCO'S ROOM

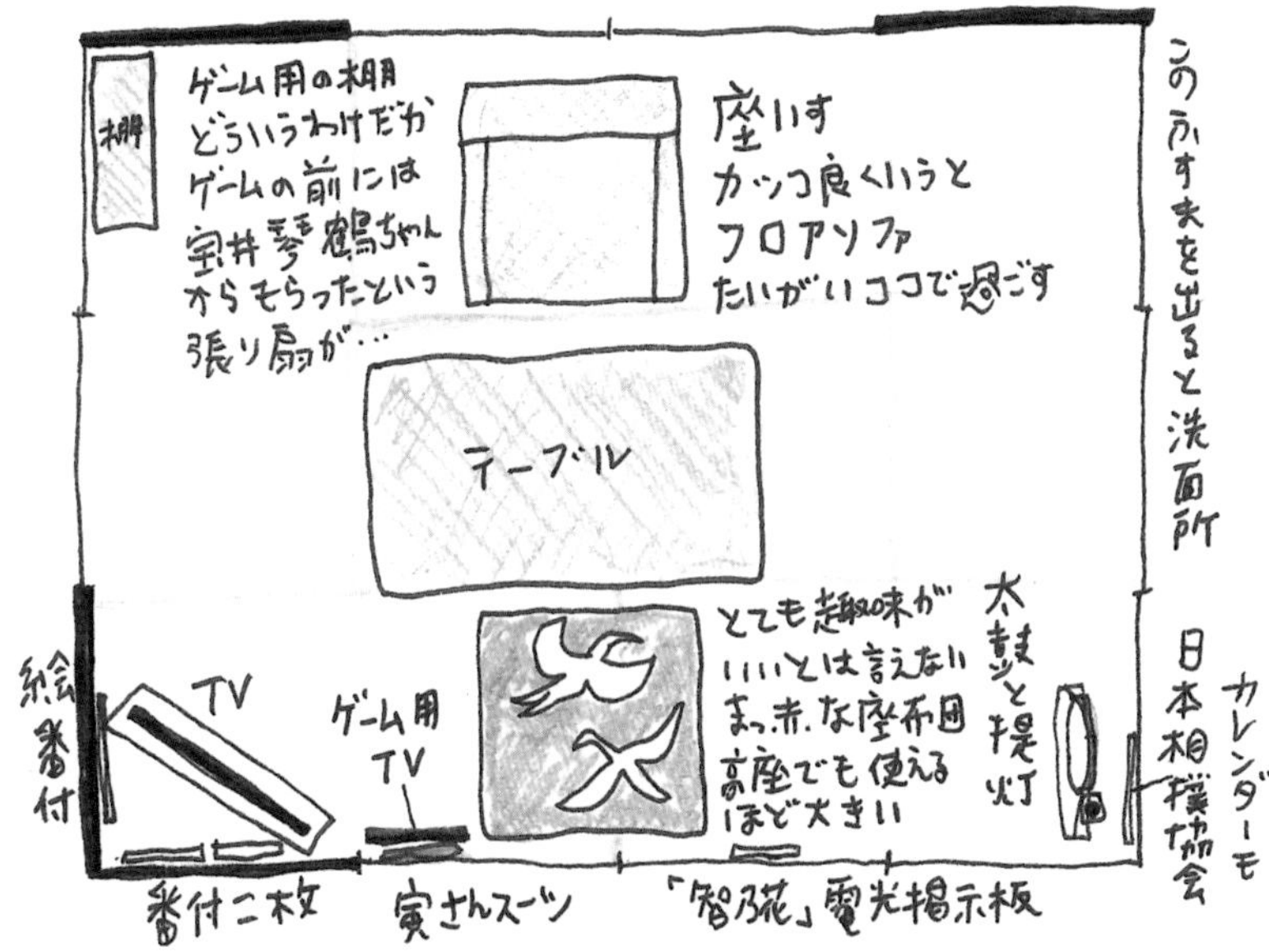

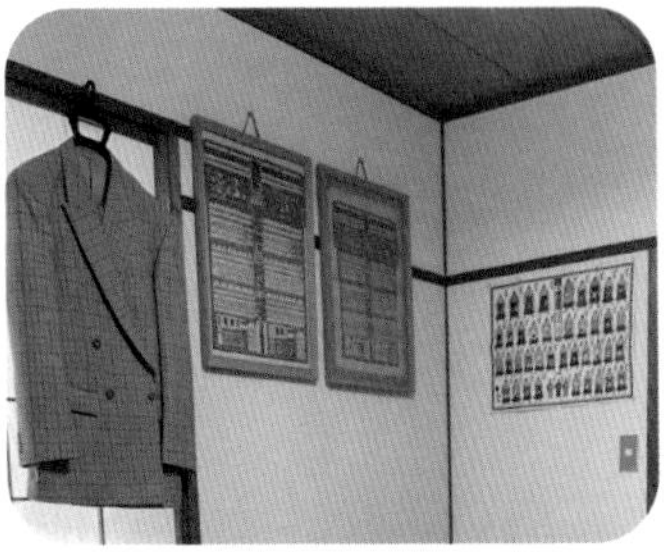

全てこの日のために飾られ、
現在は押し入れにしまわれた品々

コレが 1,500 円！！
でも、要らない（笑）

わざとらしく置かれた
太鼓＆提灯

PROFILE

さんゆうていうたやっこ　1977 年 3 月 19 日生まれ　大分県大分市出身　大分商業高校卒業　1995 年 3 月三代目三遊亭圓歌に入門　1995 年 6 月前座『歌きち』 1999 年 5 月二ツ目昇進『歌彦』 2008 年 9 月真打昇進　四代目三遊亭歌奴を襲名

彦クンです。いつもよりおめかししてジャケットなんか着てるよ。「取材なんで」…って、お前の取材じゃないヨ!! まあ、とにかくお迎えありがとさんです。コンビニで軽く呑みものを買って駅から信号待ちがなきゃ徒歩一分のお宅に。こりゃ近いね。ンちわぁ〜。出てきたのは、奴さんこと三遊亭歌奴さん、現在ソロ者です（笑）！ 大分から出てきた前座時代は麹町の先代圓歌師匠宅で内弟子を約五年間。しかも、歌きち（現歌橘）、歌いち（現歌奴）、そして歌ご（現鬼丸）の三人で。ひえ〜っ、暑苦しい〜!!

こりゃ修行というより拷問だね（笑）。ちなみにこの玉の輔も独身時代の小朝のところで三年間内弟子してました。我ながら偉い！おジャマすると…一人にしちゃ広いねェ〜、3DKだよ。家族で住める。「実は以前この部屋の隣に家族で住んでたンですよ（涙）」…悲しいこと思い出させちゃった…ごめんねぇ。まあ、そんなコト忘れて、まずはビールでカンパ〜イ！ぷぷぁ〜っ。そして、焼酎へ。コレが歌奴さんの大分時代の同級生の実家の麦焼酎『麻生裕輔』。

スッキリしていて呑みやすい‼　お刺身に合いそうです。そういえば実家はお寿司さんだったよね？「もう閉めちゃいましたけど…。アタシも小学生の時から魚捌いてましたよ。少しできます」…でも、何か料理してくれる気配はない（笑）。ツマミがないので歌彦クンに買いに行かせる。ご近所の居酒屋さんがコロナ禍でテイクアウトしてくれるようになったんだって。酔っ払う前に少し取材。相撲大好き人間なんでそれっぽいモノが居間に飾ってある。「ホントは普段は仕舞ってあるンですけど取材なんで急遽」…嘘じゃん!!　まあ、いっか。「コレ何だかわかります？」…『智乃花』？…あっ、国技館とかにある電光掲示板だっ!!「そうなんですよ、ネットで千五百円で買いました」…意外と安いネ。「この番付は昭和二十八年と三十四年。見てください、若乃花が『横綱・大関』になってるでしょ。珍しいモノなんですヨ。で、コレが絵番付で……」ああ、そうなんだぁ〜。しかし、あまり相撲に興味はない（笑）。そして、いつもは絶対にココには置いてないだろう、太鼓に『歌奴』の提灯。落語会を辞めた主催者の方から安価で譲り受けたンだって。コレでお弟子さんが太鼓の稽古？

そうこうするうちに歌彦クンが帰ってきた。居酒屋の大将から「おっ、奴さんトコの若い衆だね、お遣いかい？　いつも大変だねぇ〜。どうだい、最近は？…落語じゃないヨ、（小指）コッチの方だよ。そう言やぁ〜オタクの師匠、こないだオツな女と一緒にウチ来たヨ、えっ、あのコじゃないヨ、ううんそのコでもない。新しいコ、お盛んだねぇ〜」…なんて会話が交わされるコトはない（笑）。ちょっとはばかり借りるヨ、とトイレに向かうと洗面所のスイッチのカバーがない!!　どしたの？「酔っ払って帰ってきて共用廊下の蛍光灯のスイッチ壊しちゃったんですよ。で、ウチのを付け替えまして…」いつ？「かれこれ二年前ですかねェ〜」…早く直しなさい！

まあ、楽しく呑んで長居しちゃったヨ。歌彦クンともう一軒行って帰宅。

…あれっ？　ほとんど取材してないぞ。

まあ、話は楽屋で聞こ（笑）。

後日、黒門亭に出演する予定の奴さんを訪ねて相撲と同じくらい大好きな寅さんの話を聞く。衣装持ってるンだってサ。こういう話を聞きたかった（笑）。菊之丞さん達とやってる歌と落語の会『歌まみれ』（現在は訳あって活動休止中）では寅さんの出で立ちで歌も披露。あとで写真送ってねェ〜。

取材のお礼に『フーテンの奴さん』を描いてプレゼントしました。…あんまり似てない？　それを言っちゃあ、おしまいよ。

実は黒門亭を訪ねたこの日、時間になっても歌奴さんが現れない。心配した前座が電話すると、すっかり出番を忘れて家で寛いでたらしい。この時前座が「♪エ〜奴さ〜ん　どちらいるぅ〜　ああこりゃこりゃ」と訊ねたコトは言うまでもない。

聞き手／文　五明樓玉の輔

イラストレーター

とつかりょうこの世界

（取材／柳家小はだ　撮影／江戸家猫八　協力／入船亭扇辰）

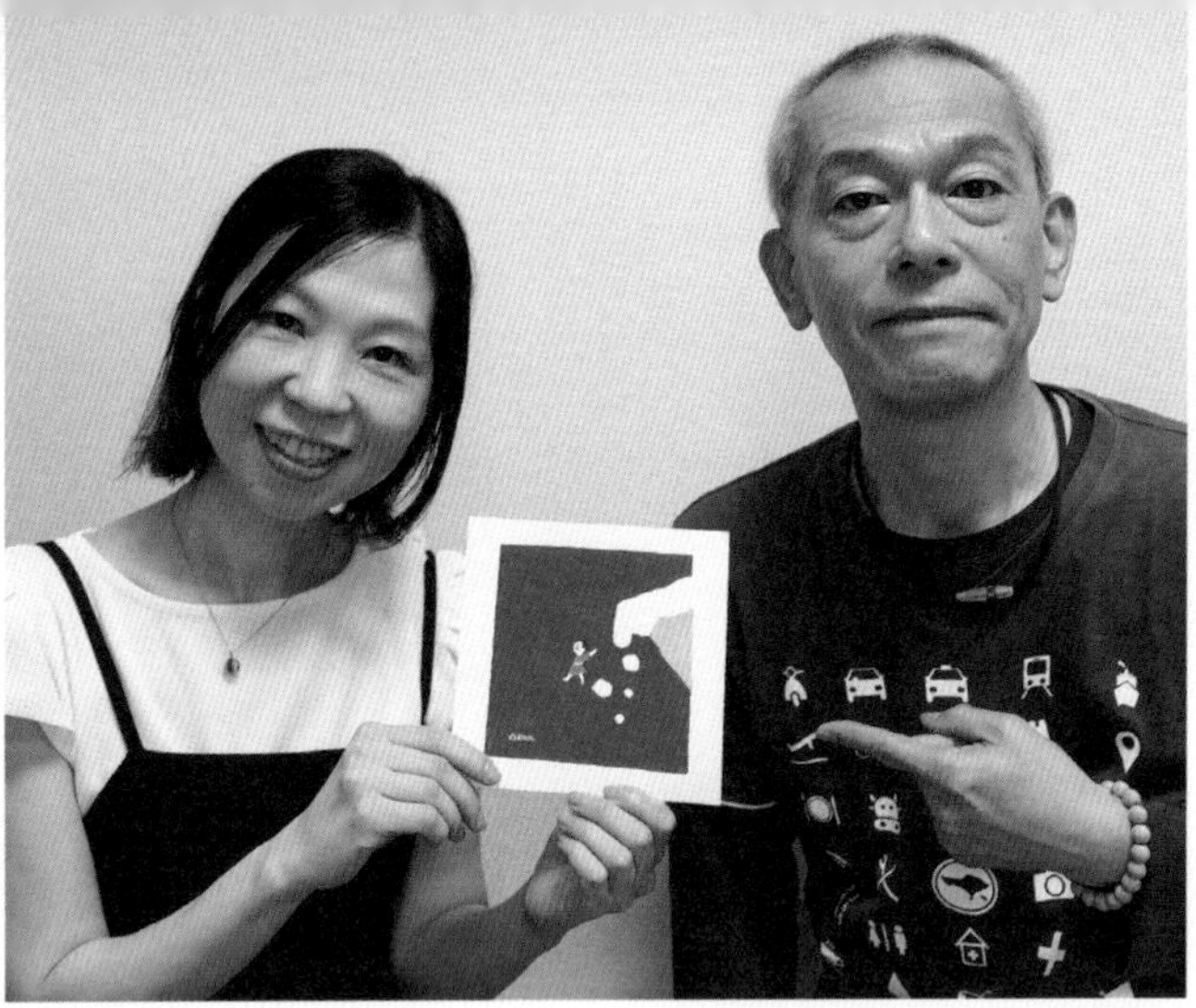

今回は、落語会のチラシや落語家の手ぬぐいのデザインで我々落語界に色彩を添えてもらってます。イラストレーターとつかりょうこさんにインタビューー！

とつかさんが落語界に足を踏み入れる切っ掛けとなった入船亭扇辰師匠、イラストに造形が深い江戸家猫八師匠をお招きしまして、誰からも愛される、とつか作品についてのお話を伺いました。

イラストレーター前夜

小はだ　というわけで、よろしくお願いします。イラストレーターになるまでを伺いたいのですが。

とつか　絵自体は物心ついたときから描いていたんですけど、高校3年の最後の進路用紙に、はじめて「イラストレーター」って書いちゃって。

一同　おぉ！

とつか　3年間美術を選択してないのに。そしたら先生に首根っこ掴まれて美術部に入れられて（笑）。

小はだ　（笑）。

とつか　結局デッサンの途中で逃げ出したんですけど。先生が見捨てずに「こんなのあるよ」と専門学校のコンクールの応募用紙をくれたので、ファンタジーテイストのイラストを描いて応募したんです。そしたら入選することができて、そのままそのデザイン専門学校に入学しました。

猫八　そのときの画風は今とはまた違う感じで？

とつか　専門学校の友達は「まったく変わらないね」って言ってくれてるので、基本は変わってないとは思います。

卒業後に、地元（札幌）の印刷会社に勤めて上京資金を貯めて、98年に上京して製版会社に勤めました。

そこから生の落語を観るようになるんですけど、そのうち一緒に落語会に行くお友達が出来たんです。その子が「今度『長唄』を始めるんだ」って言うから、私も一緒に習いに行ったんです。

小はだ　じゃあ、唄うのとかも得意で？

とつか　全然。ただただ「江戸の風に吹かれたい」と思って。

小はだ　（笑）。

とつか　そしたらそこに扇辰師匠が居ました。

扇辰　あ、そう？　俺が先に入ってたっけ？

とつか　先でした。

扇辰　二ツ目の頃だよ。

とつか　お互い若かったですね（笑）。

小はだ　そこで、扇辰師匠にお会いするのは運命的ですね。江戸の風がビュウビュウ吹いてます！　そこから扇辰師匠のチラシを手がけることになるということですが……。

扇辰　俺から頼んだんじゃないの？

とつか　いえ、私からです！

小はだ　落語会のデザインの経験はあったんですか？

とつか　ありません。趣味で架空の落語会のチラシを作ってて……。いつか本物の落語会のチラシを手がけてみたいなぁって思ってたんです。

で、あるとき扇辰日和（扇辰師匠の定期落語会）のチラシを見る機会があって、今思い返せば仮ビラだったんですが。

「これならできるかな。やってみよう。」って思って（扇辰）師匠にお願いして、今に至るまで描かせて貰ってます。

小はだ　デザインの指定などは（扇辰）師匠がするんですか？

扇辰　一回だけ「百川」をやるから、四神剣《しじんけん》をリクエストしたけど、それ以外のチラシは全部お任せ。

小はだ　それ以降チラシの評判は？

扇辰　あれだよね、扇辰日和のチラシを見て、ビッグネームに頼まれたんだよ。

とつか　野村萬斎さん。

一同　おお！

とつか　萬斎さんの広告担当の方が気に入ってくれて。手がけることになりました。

小はだ　では、そこから個人のイラストレーターとして、はずみがついたというような？

とつか　はずみは今もついているかわかりませんけど、このあたりから個人の仕事が増えてきて、2005年にフリーになりました。

描きたいシーンを描く

―（扇辰日和のチラシ集をパラパラ捲る）―

とつか　あ、これ（妾馬）を作ったときに、お客さんに「こんな廊下を通る様なシーンないよ」って言われたんです。しょんぼりして扇辰師匠に伝えたら「そいつは馬鹿だ」って言ってくれて。それ以来その言葉を胸に堂々とチラシ作りをしています。

扇辰　俺は「これ凄くいいね」って言った記憶があるよ。

とつか　はい、言ってくれました！

小はだ　確かに、この廊下を歩くシーンは無いですけど、噺を知ってる人は「妾馬」だってわかりますしね。

猫八　そうやって、落語のシーンのどこを切り取るかって悩みどころだと思うんですけど。

落語を聴いていて、「ココ！」ってシーンが見えてるのか、それとも色んなシーンを描いて絞り込んでいくか、どっち派ですか？

とつか　聴いてるときはただ楽しんで聴いてるんですけど、いざ描こうとすると「ココッ！」って見えます。「あのシーン描きたい」って思って、悩まずわりとすぐに描けます。たまにお仕事で「ここのシーンで」とご依頼を頂くんですけど、それは……ちょっと、いつもより時間がかかりますね。

小はだ　同じ噺でも噺家によって演じ方、押す部分が違うと思うんですけど。そうすると、描きたいシーンも変わってきますか？

とつか　変わってきますね。シーンも変わりますし、この人でしか聞いたことのないクスグリを拾っちゃってそこを描いたりとか。

小はだ　そんな中で色々な落語のシーンを描いてきましたが、ご自身で会心の作品を一つ選ぶとしたらどれですか？

とつか　「鰍沢」です。

扇辰　これには俺も最初、度肝抜かれたよ。自分も、「鰍沢」やるからさ。「こんなことするわけねぇ」って（笑）。

小はだ　鉄砲撃たれた後ですもんね。

とつか　「助かって良かったね」ってシーン。

小はだ　あんまり……命からがら感は……。

扇辰　ないない（笑）。

小はだ　どうして、お好きなんですか？

とつか　北斎の崖の絵（勝景奇覧）に感銘を受けてチャレンジしたんですけど、私なりの「切り立った崖」の感じとかも描けたなって思ってますし、「鰍沢」を絵にできたことも、くだらない感じに仕上げられたことも気に入ってます！

扇辰　さっきのチラシもイラストもそうだけど、とんでもない所を切り取って来るわけよ。「よくこのシーンを選んだな」っていう。そのセンスは凄いよね。「妾馬」のあのところなんて本当に凄いと思う。

とつムラ

小はだ　シーンの切り取りもそうですが、とつかさんの作品を見てると、全体的な色使いが柔らかいというか落ち着いてるというか何て言葉を当てていいのかわかりませんが

猫八　鮮やかっていうより彩度が低い、和名がつきそうな色合いですね。そこへの拘りはありますか？

とつか　子供の頃は、ぬり絵でもひとの顔を「紫色」に塗るような子だったんです。

一同　へぇーー！

とつか　少し成長してやっと「空は青・太陽は赤」みたいにパキッっとした色に描けるよ

うになったんですけど。
それがつまらなく感じるようになって、専門学校に入ってからいい絵を真似たりして色の勉強をしたんです。なので色を褒められるのはすごくうれしいです。

扇辰 現物はねぇ、ほんっっとうに良い色なんだよ。

とつか ありがとうございます。ぜひ原画を観てほしいです！

猫八 そうなんですよねぇ。ムラという言葉は使いたくないんですけど、この何とも言えない独特なねぇ色合いというか。

とつか ムラです。

猫八 いやいや、なにか新しい言葉を作ってあげたいような。

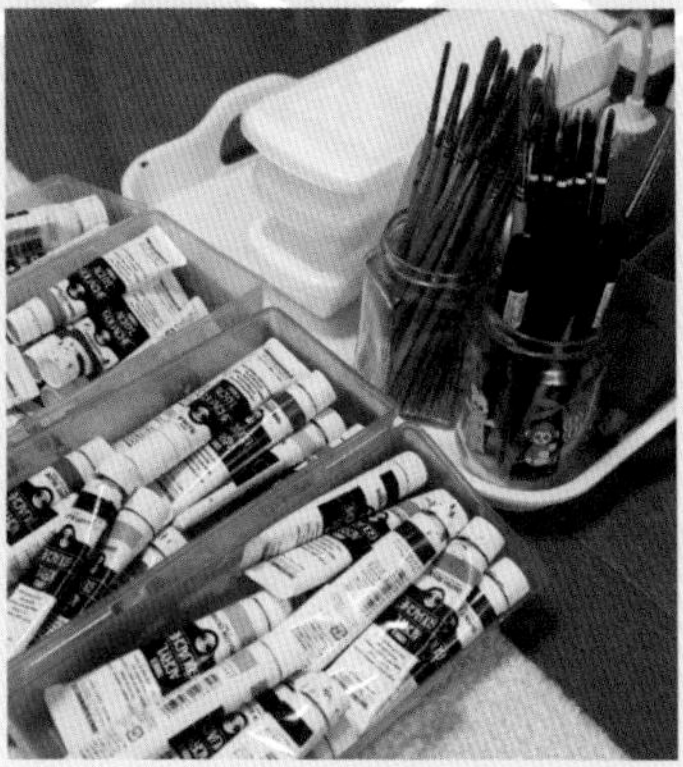

「とつムラ」を作り出してくれる絵具達。配合するときは製氷皿を使って独特な色を生み出している

扇辰 とつかムラ！ とつムラ！！

一同 とつムラ！（笑）

猫八 この色の配色にはレシピがある？

とつか いえ、そのときそのときで配合してます。

小はだ 一期一会なんですね。

猫八 とつかさんのイラストって無駄を省いて最低限の線だけ残していくってスタイルだと思うんです。その省略した線で一人一人これだけ似せるって、僕の絵の感覚からすると驚異的っていうか凄すぎると思うんですが、今回のそろそろメンバーの中で描きやすかった人と描きにくかった人っていますか？（14ページ・渋谷のラジオ広告参照）

とつか 実は見たことの無い人を描くのが苦手なんです。

小はだ 一度会ったりして頭の中に落とし込む作業というか。

とつか はい。頭の中のイメージを描き出して徐々に修正していくって感じです。なので一番多く会ってる、玉の輔師匠は描きやすかったです。反対に、緑助さんは宣材写真を見ながら描いたんですけどやっぱり似なくて、一度高座を見てから描き直しました。
あと、はな平さん。単体で描くなら顔を肌色にして、クリっとした眼に白目を付けたら、もっとらしさが出るかなと思いましたが、それをやると他のメンバーと全体の統一感が出なくなるんで。今回はあえて描きませんでした。

扇辰 いや、全員よく似てるよ。

とつか ホントですか（喜）。

「あ、終わった……」

小はだ 手ぬぐいに関しても伺いたいのですが、いまや「噺家の手ぬぐい大賞（※）」の常連（過去三度受賞）ですが。一番最初はどなたの手ぬぐいを手がけたんですか？

とつか 最初は小辰（当代入船亭扇橋）さんでした。

小はだ おお！ デビュー作でいきなり大賞受賞ですね！ 頼まれたときはどういう気持ちですか？

とつか 「あ、終わった……」って思いました。

一同 （笑）。

とつか チラシは架空落語会のやつを作ってたので、下地はありましたけど、手ぬぐいは「できないかも」と思って。でも小辰さんも初めての手ぬぐいだったので、わからないもの同

※五明樓玉の輔が開催している、その年の最もステキな手ぬぐいを決める、権威ある大会。
https://note.com/5tamanosuke/

士、手探りで作っていきました。そのなかでも、迫力のあるデザインにはしたかったので、龍の尾をドーンともってきました。

扇辰　あいつ（扇橋）の指定が細かいんだって。手ぬぐいもそうだけど、たとう紙（熨斗紙）の「ここの線は太く」とか（笑）。

とつか　こだわりのひとでした（笑）。

小はだ　そこで、鍛えられたのかもしれませんね（笑）。

今まで沢山の手ぬぐいをデザインされてきましたが、大賞等々関係なしに、会心の一本をお伺いしたいのですが？

とつか　最近なんですけど、浪曲の曲師玉川祐子師匠の１００歳の記念で作った一本です。文字を沢山使ってそれを模様のようにデザインするっていうのをやってみたくて。浪曲の歌い出し（「越の海勇蔵」外題付）が、ぎっしりと詰まってるところがお気に入りです。

小はだ　手ぬぐいを作るうえで、高座での使いやすさにも比重を置かなきゃいけないと思うんですけど、畳んだとき重視か拡げたとき重視かっていうとどっち派なんですか？

とつか　私は拡げたときのインパクトが好きなので、そちらを重視しつつ、畳んだ時にも使いやすいようにしています。

小はだ　手ぬぐいの仕事で気にかけるところやイラストと明らかに変えている点ってありますか？

とつか　手ぬぐいは色味、色数などさまざまな制約があったりするので、文字の細さなどを試行錯誤していくのが楽しくてデザインの部分に重きを置いて手がけてます。

小はだ　イラスト、手ぬぐい、最近は幟も手掛けていらっしゃいますが、やってみたい仕事はありますか？

とつか　いつも小さい絵を描いているので、屏風とかに大きな絵を描いてみたいですね。あとは羽織の裏にも絵を描いてみたいです。

小はだ　今後とつかさんのイラストの方向性は変わっていくのでしょうか？　それとも？

とつか　変えてみたいです！　画材も水彩っぽいのも使ってみたいし、絵のテイストも可愛らしいだけではなく、引き締まったかっこいい絵にも挑戦したいと思ってます。

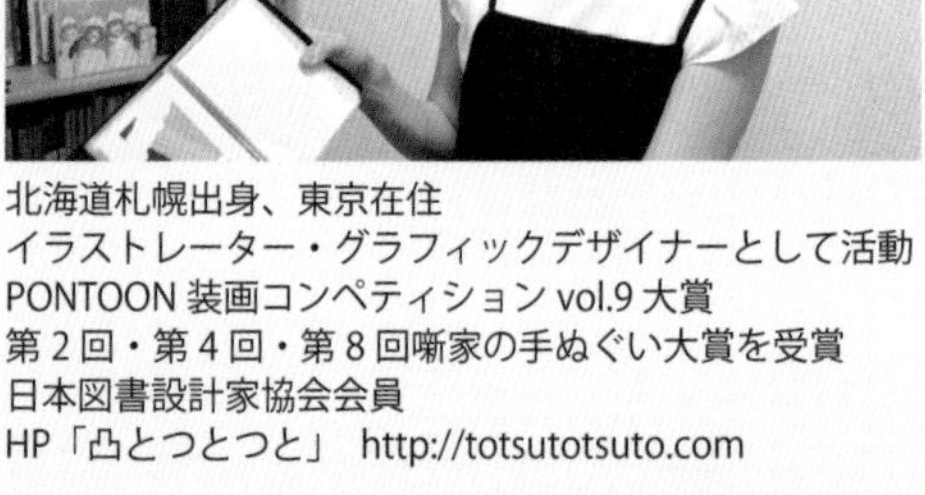

北海道札幌出身、東京在住
イラストレーター・グラフィックデザイナーとして活動
PONTOON 装画コンペティション vol.9 大賞
第２回・第４回・第８回噺家の手ぬぐい大賞を受賞
日本図書設計家協会会員
HP「凸とつとつと」 http://totsutotsuto.com

リレー・エッセイ

つなぎが参りました

林家けい木 ← 古今亭始

おいらが産まれる少し前の日本では、〝独身貴族〟なんて言葉が流行ったらしい。

表面的には悠々自適な生活を送る男性を表してるのかもしれなけど本当はいかにも日本人らしい自尊心の高さと痩せ我慢男を表していると思っている。

今回おいらがバトンを繋ぐ男はある意味で落語界における〝前者〟の独身貴族かもしれない。

噺家の二ツ目の活動としては、毎月続けている勉強会がつい先日通算100回を超えて、新根多の習得にも貪欲で稽古熱心な姿勢。

落語協会ゆーちゅー部の一員としての撮影や編集、謝楽祭の裏方作業に追われる日々でありながら、アイドルの推し活やサッカー観戦、ゴルフ・フットサル・スノーボードなどの趣味にもアクティブに取り組んでいる。

また毎日の晩酌は一杯のつもりが、気がつけば意識が飛ぶほどいっぱい呑んでしまう。

この男こそシングルライフを謳歌している独身貴族、古今亭始だ！ むしろこんな暮らし方は連れ添いがいたら許されるものじゃない（笑）。

おいらも彼も埼玉県人で、同時期に前座修行をしていた先輩で、呑み友達。

いま思い返せば、この男とはあまり素面で会ったことがないと思う。たしか初対面のときも三軒茶屋の居酒屋で、おいらは未成年で向こうは呑んでいた。

修行中の彼は楽屋でもテキパキと働いて、仲間内からの信頼も厚く、いろいろと分かりやすく指導してくれるシュッとした先輩。私服もどことなくオシャレで、女性にもモテていた印象だ。

彼の呑みの誘いは変わってる。

呑みの誘いなんてものは事前に約束するのが普通だと思うけど違う。

ある晩いきなり電話がかかってきて

「はい、もしもし？」
「けい木、どこ？」
「〇〇にいるよ」

ガチャン！……ツーツーツー。

そして20分以内に現れる。間が合わなければそれっきりだけど、そんなところは噺家らしくていい。

さらに酒呑みには上戸があるというが、彼の上戸もまた変わってる。

酔うと必ず「よし！ コックリさんやろう！」と言って、ミミズがのたくったような五十音表に鳥居を描いて、10円玉に指を乗せて降霊を始める。

ある時は呼んでしまった何者かがおいらにのしかかってそのまま気絶したこともあった。

またある時は電気系等が誤作動を起こしたこともあったり、と。

コックリさんなんて都市伝説や迷信の類と思ってる方も多いでしょうが、実際にいろいろ起こるんです。やらない方がいいよ。

さいごに。

先日、ある酒席で「真打の名前はどうしよう」という話題で盛り上がっていると、酔った一蔵親分が「始、お前は〝志ん馬〟になれ！ 代々、酒や博打で死んだ名前だから、お前にぴったりだと思う。お前は〝志ん馬〟を継いで、それで死ね。そうすればオレがマクラで使える（笑）」と言い出した。

頼むからそんなことで死なないでくれ（笑）。

おいらは彼がいずれ志ん生でも志ん朝でも志ん馬でもいいからバカ言いながら一緒に呑めりゃそれでいいよ。

と、コックリさんはいい加減やめてほしい。

【書いた人】林家けい木
平成22年2月8日
林家木久扇に入門
平成22年8月11日
前座となる。
前座名「けい木」
平成27年5月21日
二ツ目昇進

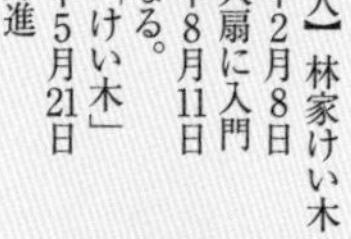

【書かれた人】古今亭始
平成21年7月
古今亭志ん輔に入門
平成22年1月21日
前座となる。
前座名「半輔」
平成26年6月11日
二ツ目昇進「始」と改名

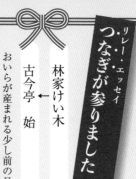

猫八クロスワード

作成・イラスト／江戸家猫八

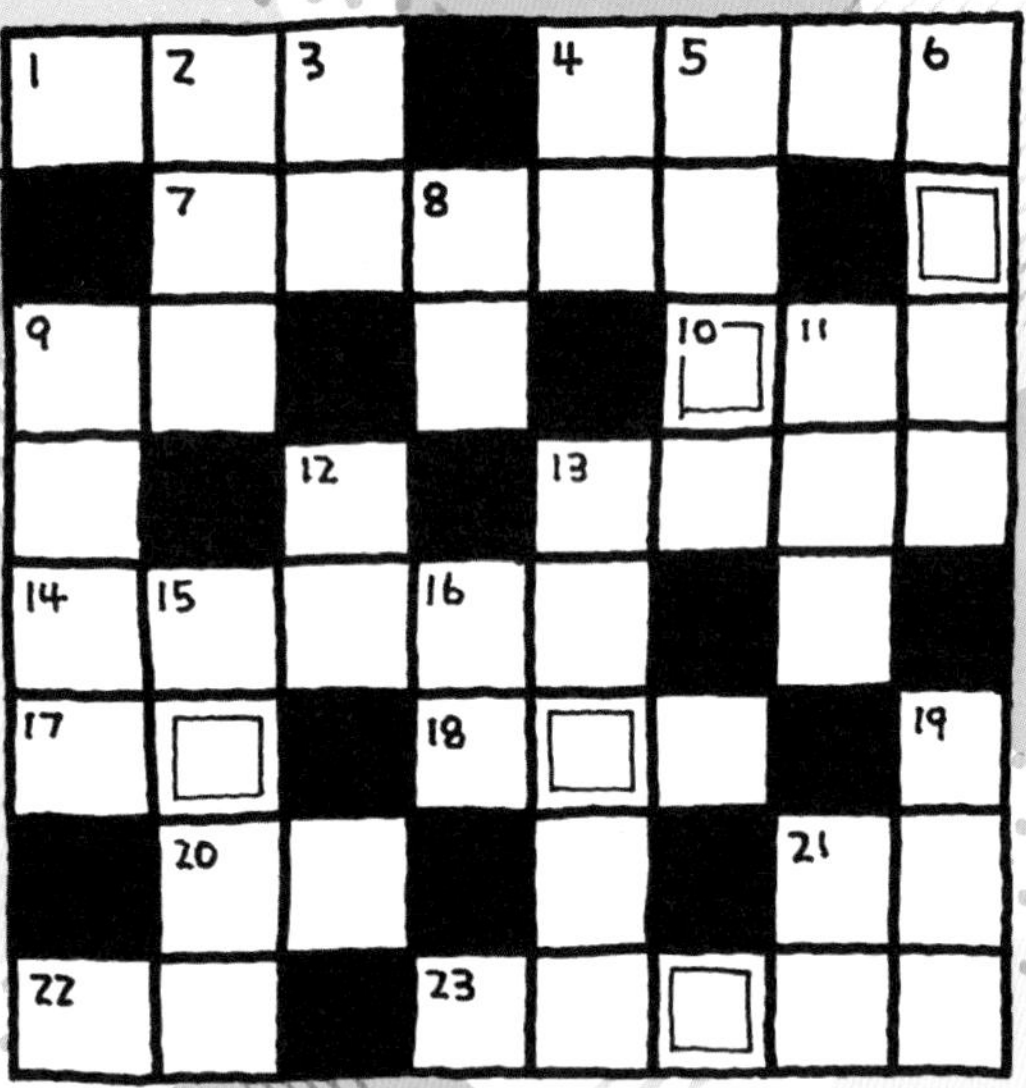

ヒント：大きな声で叫びます

解答 □□□□□

ヨコのカギ

01：小魚などの大衆魚を扱う魚市場。上方の噺家、桂○○○。
04：別名を春告鳥。江戸家代々の十八番。
07：額から鼻にかけて白い筋があるのが特徴。ジャコウネコ科の動物。
09：落語にも登場する高級魚。下関ではこう呼びます。
10：東京都民の鳥、都鳥に制定されているのは「ユリ○○○」。
13：マダガスカルに生息する最大の原猿種。鳥のような名前のサル。
14：赤ちゃんを運んでくるという迷信があります。
17：出世魚。ハマチ、イナダ、ワラサ、出世前の名前はいろいろ。
18：京都市動物園のアジアゾウはこの国から来ました。
20：ニホンザルの群れのリーダー。今は「アルファ」と呼びます。
21：世界中で8種。日本には2種。女房がよろしく言ってました。
22：デイノテリウム、ステゴドン、マンモス、絶滅した仲間がたくさん。
23：ウマの仲間、サイの仲間、バクの仲間、これらを総称して。

タテのカギ

02：樹液が化石化するとこれになります。前座時代は「はまぐり」。
03：中国から日本に伝わった幻獣。夢を食べると言われています。
04：天角地眼一黒鹿頭耳小歯違。
05：◯◯◯ドリ。オスは真っ赤な喉袋が特徴。海鳥なのに泳げない。
06：もっとも小さいクジラの仲間。背ビレがないのが特徴。
08：ハチを英語で。八はエイト。鉢はボウル。蜂は◯◯。
09：大きなコブの中身は脂肪です。ヒトコブ、もうひとつは◯◯◯。
11：似て非なるものにつける名前のひとつ。例、スッポン◯◯◯。
12：キリンは5。サイは2または1。シカは2で毎年取れます。
13：日本には2種類のヤマネコがいます。ツシマと◯◯◯◯。
15：縞模様が似ているところからついたイノシシの子の通称。
16：ロシアに生息するアムール◯◯は、ネコ科最大。または酔っ払い。
19：鳥類は翼で飛びますが、コウモリ、ムササビはこれで飛びます。
21：脚は8本。昆虫ではありません。あれが本当の◯◯駕籠だ。

第1回 雑俳そろそろ連

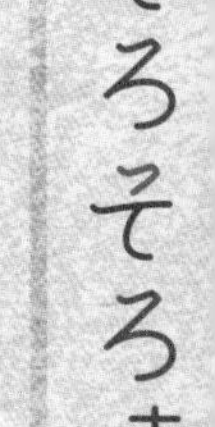

雑俳（ざっぱい）とは江戸時代から続く、洒落・川柳・都々逸をはじめとするさまざまな言葉遊びの総称である。

現在、落語協会には、つ花連（ベテラン勢が所属）、つっかけ連（中堅）、たちみ連（若手）の3つの雑俳連があり、それぞれ雑俳を楽しんでいる。そろそろ編集部にも、つっかけ連（玉の輔）、たちみ連（はな平、小もん、小はだ）に参加するメンバーがいることから、今回「雑俳そろそろ連」として全員で雑俳に挑戦することに。宗匠（選者）は、つ花連の柳家小ゑん師匠。ゲスト回答者は、雑俳好きのお囃子ふみさん。

兼題は「**冠沓　古今東西落語の演目一切**」。冠沓とは、任意の言葉を任意の箇所から2つに分け、七音七音の句の上と下に入れること。元犬（モトイヌ）ならば、モトイ○○○○ ○○○○○○ヌ のような形になる。

果たして結果は如何に…！

＼柳家小ゑん選／

冠沓　古今東西落語の演目一切

位	句	効き	作者
人の位	タチキレ　たちまち裁く寄席の一切れ	効き※　難題も正楽ゆれてかわす芸	ふみ
地の位	アオナ　あおぐ団扇と酒の裏店	効き　涼しさを知る植木屋の猿芝居	伊織
天の位	ギョケイ　玉音聞いて表す崇敬	効き　ハモニカを吹く昭一の青い空	小はだ
雲隠し※	タンメイ　タンスの音で不倫証判明（斧入り※）	効き　紙入れを隠す女房のしたたかさ	緑助
自句※	カタボウ　肩のタコ見せ取った花棒		

※効き…句がより一層引き立つように選者が付ける句のこと。
※雲隠し…選者の捉え方によって色っぽく感じるもの。無責任者玉の輔は、選句すべてを雲隠しにしてくるのが恒例。
※斧入り…病句（ルールに沿ってない句）に選者が直しを入れて評価すること。上の句「タン（ス）」下の句「（ハ）ンメイ」で「ン」が重なっているので病句になっている。
※自句…選者の句。

今回惜しくも選に入らなかった句はこちら
アラチャ 荒くれ者がみんなわちゃわちゃ 一刀 / カミイレ かみさん不貞新吉を入れ 玉の輔 / シリモチ 尻出す嬶妙な面持ち けい木 / タガヤ 互い違いに飛ばす花火屋 はな平 / ネズミ 寝ずの月夜に鑿とわれのみ 彦三 / ホンゼン 本部屋付きの誂えの膳 小もん

選者によって句の捉え方が違うのが雑俳の面白さ。今回選から漏れてしまった句もそれぞれ味わいがある。みんなちがってみんないい。それが雑俳の良さだ。噺家と一緒に雑俳が楽しめる落語会もあるので、気軽に挑戦してみるのはいかが？

（イラスト・玉の輔）

嘘か!?真か!? 楽屋貼り

BACKSTAGE STICKER
TRUE OR FALSE!?

写真・文／五明樓玉の輔

「牛丼並、つゆだくで」

今では当たり前のこの言葉。しかし、この『つゆだく』にもルーツがあるという。あの吉野家で初めて注文したのは紛れもなくこのワタシです、と豪語している男性を以前テレビ番組で観た。『言ったもん勝ち』だなぁ～。だって誰も知らんし、わからんもん。落語のくすぐりやちょっと変わったオチにしても然り。でも、わかるなら知りたい。そんな身近な、しかもどうでもいい謎を今回は探ってみた。

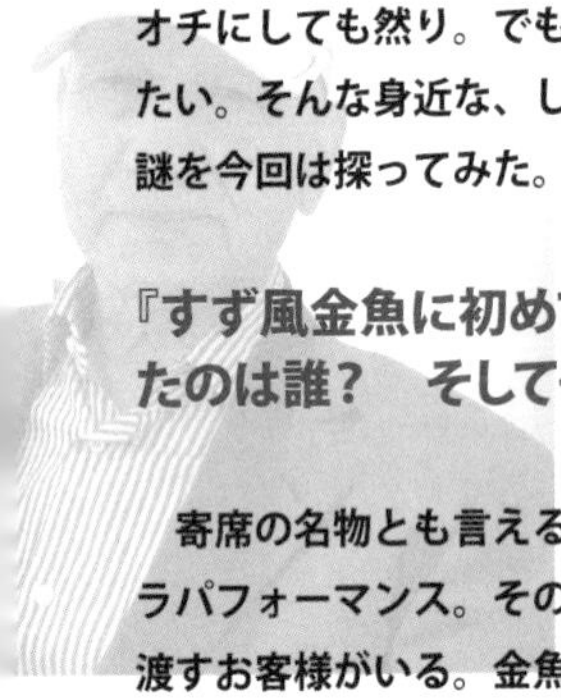

『すず風金魚に初めてバナナを与えたのは誰？　そしてそれはいつ？』

寄席の名物とも言える金魚姉さんのゴリラパフォーマンス。そのゴリラにバナナを渡すお客様がいる。金魚姉さんに訊いてみた。最初はヤラセだったらしい。国立演芸場の太神楽の会のゲストに出演したとき地元大塚の商店街の知り合いのお客様が手に持てないくらい大きな束のバナナを持ってきた。にゃん子姉さんには大五郎（笑）。コレが 20 年くらい前の話。それがいつの間にか個人的にバナナを渡す方が出てきた。当人は、それがいつだったのかはっきり覚えていないと言う。しかも誰かもわからない。実際くださる方のお顔は見ていないし、覚えないようにしてるらしい。

「バナナしか見てないの」

一度に複数の方が渡してくれることもある。いっぺんに 3 本食べて顔に湿疹が出た（笑）。コレ以来、複数もらった日は楽屋で前座や後輩に配ることにしている。

鈴本演芸場でゴリラにバナナを与えた方に話を訊いた。畑中実郎さん (83)、鈴本演芸場事務員 M さんの親類で人形町末広や建替え前の鈴本演芸場から寄席に通う演芸ファン。

「もう 6 年くらいになりますかねぇ～、金魚さんは素でとても伝わる高座なのでゴリラにバナナを渡したら面白いだろうと思って始めました」

この方は客席中央辺りからゴリラに変貌した金魚姉さんに頭上高く手にしたバナナを届ける。とてもわかりやすい渡し方なので他のお客様も大爆笑！！

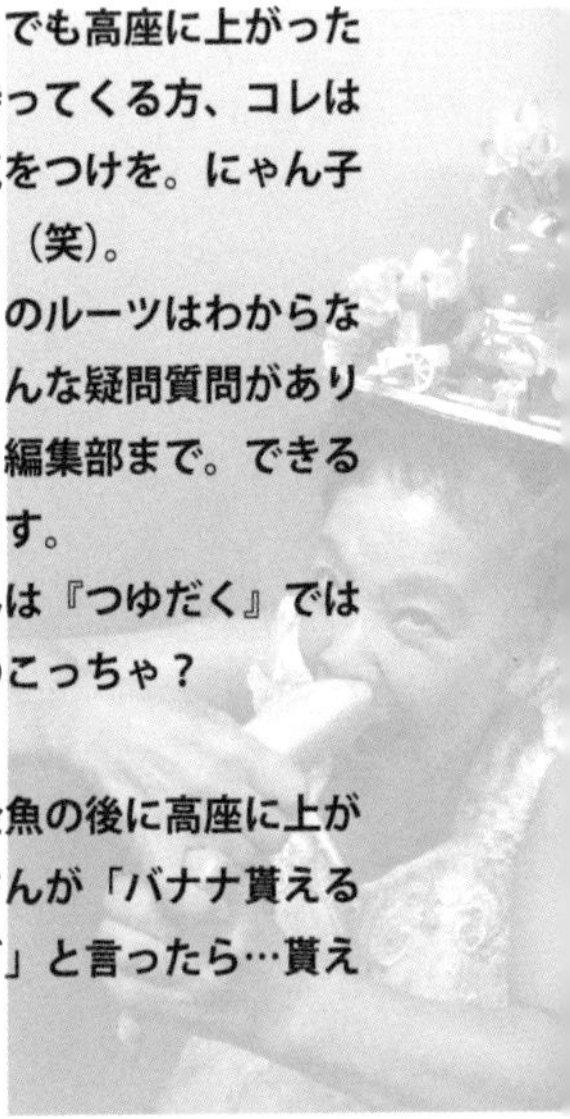

渡し方も十人十色、でも高座に上がった途端お供えのように持ってくる方、コレは間違いらしいのでお気をつけを。にゃん子姉さんに怒られますヨ（笑）。

というわけで今回このルーツはわからなかったが、皆さんもこんな疑問質問がありましたら是非そろそろ編集部まで。できる限り謎を追求いたします。

ちなみに金魚姉さんは『つゆだく』ではありません。…ナンのこっちゃ？

後日談。にゃん子金魚の後に高座に上がった三遊亭歌る多姉さんが「バナナ貰えるって聞いたんですけど」と言ったら…貰えたらしい（笑）。

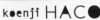

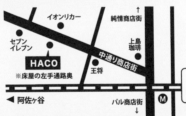

連載

薄荷糖《はっかとう》（四）

さて、しかし、連載とはいっても、ここまで芳しい進捗もなく、泥に足踏みするような思いで、漸くここまで辿りついた。一時を凌げる軒下を探しながら、匿名的なかぶり笠をかぶりながら、自ら人影になって。

いわばわたしは、ここに書きたいことは、特にないのである。ただ一人の、無名の、文学を密かに信ずるところの若手の噺家として、〈書いてみたい文体と素材〉だけが、わたしはあるのである。

それは言い換えれば、昔の風景と語彙とが爽やかに、ある程度――これは恥ずかしいですが――詩的なものを思わせる呼吸とともに同じ絵の中に描いてみたいという欲求。決して高飛車な望みもなく、とりあえずの一時逃れとしても。霽れるか曇るか予測もできない、ゆくゆくの可能性を探る術としても。

こんな世界にいるからこそ、試してみたいのである。（敬意と謙遜も含めた）この馬鹿ばっかりの世界で、儚い薄荷のような、捗々しくないような文章ばかりを、ここに集めてみたかったのである。

さて、落語「ぞろぞろ」の雨宿り客は、角の取れた薄荷に手を伸ばす。徐に。あるいは、慎重に。富籤を選ぶように。もしかしたら、薄氷を踏むように。――「おう、じいさん、一ッもらおうか。薄荷なんザア一ッ食べたところで、当たるなんてこたァねェだろうからナ」――そんな強がった台詞とともに。

身体は、大事である。身体髪膚これを父母に受くあえて毀傷せざるは孝の始めなり。これは落語で覚えた言葉。身体は大事。役者ではないので、当たってもらっちゃあ困る。当たらないから大根役者。当たる役者は貝割れ大根。そんな擽りも思い出す。

そうだ、それも大事である。内容として、当たり障りがないようなもの。わたしは若手の噺家である。変に当たっちゃあいけない。口にいれても、安全なもの。そういうものでなければならない。それは言葉で晦ますということではなくて、そんな狡い方法ではなくて、もっと単純なやり方。日常において無理なく、頭の中を掃除しながら、ある程度は、言葉における経年劣化を生み出しながら、あくまでも安いものであるという扱いで。

この駄菓子ならぬこの駄文章は、はじまったばかり。この雨宿りはいつまで続くのかわからないけれども、わたしはわたしのためにも、すっかりと角の取れた、六角だか八角だかわからないような、当たり障りのないような文章を、これからもこの小箱の中にに一ッずつ集めていきたいと思う。

文／林家彦三

第3回
シカ・クック

おうちで簡単家二郎「にんにく入れますね！」

ホンキートンク　間瀬　弾

品川区戸越銀座に稀代のラーメン好きの漫才師がいる。ダイエットのために一日一食生活にしているというホンキートンク弾氏は、ほぼ毎日ラーメンを食す。SNSでは毎日食べるラーメンの写真と自撮りの写真がその大半を占める。さらに、弾氏のラーメン好きは食べ歩きだけでは収まらない。自宅でもラーメン作りに励むのである。今回はその中でも作る頻度の高い二郎系ラーメンを作ってもらった。スープと麺はスーパーで売っているものを組み合わせれば出来るという。チャーシューは本家にも負けない大きさと柔らかさ。野菜とにんにくをたっぷり載せて、大満足の一杯を食した。弾氏のレシピは漫才の激しさとは打って変わって、繊細な味だった。手作りとは思えない豚の旨味を活かしたスープとかえしのハーモニーが脳に焼きついた。料理は漫才のネタづくりと同じだという。ボケが材料でツッコミは調味料で、漫

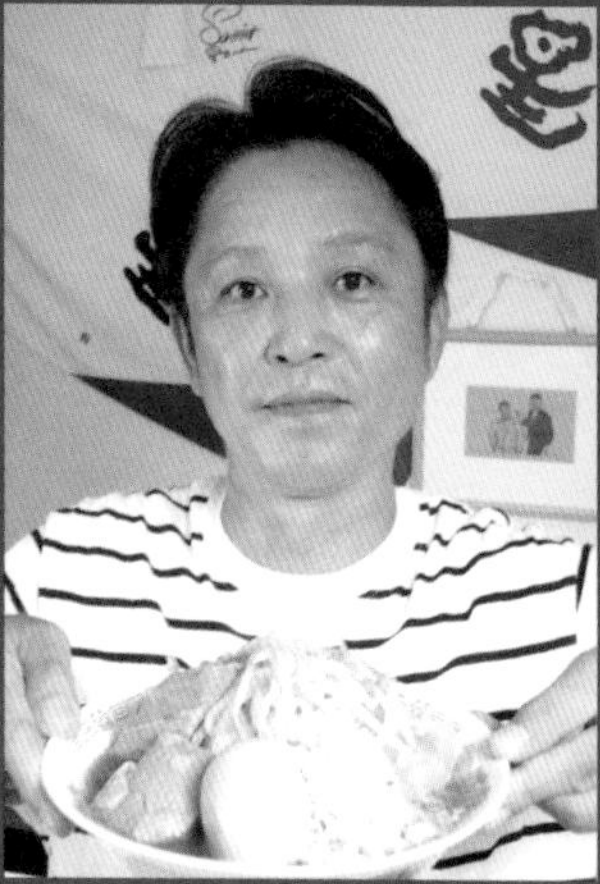

プロフィール

ホンキートンク　間瀬　弾

2002（平成14）年
星セントに師事
2006（平成18）年
落語協会に入会し各寄席に出演
2019（令和元）年
遊次、ホンキートンク加入
2019（令和元）年
活動再開

材料

●スープA
醤油タレA 75cc、麺と鍋クリーミーとんこつ（ミツカン）15cc、焼豚の煮汁350cc、ラード10cm、味の素10振り
●醤油タレB
濃口醤油75cc、みりん25cc、酒25cc、味の素小さじ一杯
●チャーシュー
豚バラブロック300g、ねぎ、生姜、豚足（あれば）
●お好み具材
キャベツ、もやし、にんにく、ゆで卵（漬け込み用）、麺（「山岸一雄」監修 つけ麺専用中華麺）100g ～お好みで

つくり方

❶豚バラブロックを水1.5Lに入れて茹でる。ねぎ、生姜、豚足も一緒に茹でる。アクは最初だけ取る。2時間コトコト煮込み、肉を取り出したら煮汁は取っておく。ゆで卵も作っておく。
❷醤油タレBの材料を鍋に入れアルコールを飛ばす。冷めたらジップロックに入れて1で茹でた豚バラとゆで卵を入れて、4時間漬け込む。
❸スープAの材料を鍋に入れ沸かし、丼に入れる。麺とお好み野菜を茹で、盛り付ける。チャーシュー、ゆで卵、お好みでにんにくを盛り付けて完成。

才も料理もこのバランスが大事だそうだ。2019年から新たに遊次氏という隠し味を得たホンキートンクの漫才からも目が離せない。

（撮影／文　林家はな平）

前座のぜん太くん

さく・春風亭いっ休

先パイ前座・モノ太
オレもうすぐ二つ目になるんだ
どっちの意味だろう
むぎぎぎ…
!?
じゃーーん
何が起きた!?
後日
じゃーーん
そんでそっちの二つ目にもなるんだ…
おめでとうございます

「披露目」

編集委員から　vol.4

QR コードは Twitter

どの扇太クンが一番良かったか、投票おねがいします。なんか担当記事が一人だけ多い気がするけど…気のせい？

五明楼玉の輔（無責任者）

今回のハナーキーは扇太さんを撮りました。出来上がりの色にこだわって撮りましたのでそこをご覧ください♪

林家はな平

盆前に水浴びがてらの墓掃除、夏の楽しみのひとつです。

林家けい木

新しい国立演芸場、完成までそろそろは続くんでしょうか？

三遊亭伊織

『扇太フェ』、撮らせてー！

イト山紀信　春風一刀

４号、感慨深いです…！！　沢山の方のおかげで発行できています。５号もよろしくお願いします。

柳家小もん

クロスワードパズル（３号の担当）からは完全撤退しました。

柳家緑助

そろそろメンバーで河原でバーベキューする夢を見ました。なぜか玉の輔師匠だけ、半裸でした。

林家彦三

「そろそろ」の隠し飛び道具。猫八師匠の写真とクロスワード。たっぷりお楽しみ下さい！！

柳家小はだ（編集長）

校　　正／校田正美

デザイン／西澤美帆

撮影協力／喫茶 楽屋・国立演芸場・鈴本演芸場・ヘアーサロン カネダ（五十音順）

女装協力／玉の輔歓び組（水着は玉の輔私物）

「そろそろ」は広告を募集しています。
詳細は以下にご相談ください。

ご意見・ご感想・お問合せはこちら

そろそろ編集部メールアドレス
sorosoro.goiken@gmail.com